platillos condimentados

Curry verde de carne de puerco con tallarín, pág. 208

Arroz con cúrcuma, pág. 280

Koftas de cordero, pág. 70

Chai masala, pág. 296

Frituras de camarón a la páprika, pág. 76

Hamburguesas picantes de carne de res, pág. 182

Sopa tailandesa de calabaza, pág. 88

Pescado entero picante en fritura profunda, pág. 176

Frituras de plátano con corte de chile y coco, pág. 308

RACHEL LANE, TING MORRIS

platillos condimentados

DELICIOSAS RECETAS PARA UNA VIDA SALUDABLE

Editores Anne McRae, Marco Nardi

Importado y publicado en México en 2011 por / Imported and published in Mexico in 2011 by: Advanced Marketing, S. de R.L. de C.V. Calz. San Fco. Cuautlalpan no. 102 Bodega D, Col. San Fco. Cuautlalpan, Naucalpan, Edo. de México, C.P. 53569

Fabricado e impreso en China en Mayo 2011 por / Manufactured and printed in China on May 2011 by: C&C Offset Printing Co., Ltd.
14/F C&C Building, 36 Ting Lai Road, Tai Po, N.T., Hong Kong, China.

Título Original / Original Title: Spicy / Platillos condimentados
Traducción: Laura Cordera L., Concepción O. de Jourdain y Esmeralda Brinn

Directora de Proyecto Anne McRae

Director de Arte Marco Nardi

Fotografía R&R Photostudio

Texto Rachel Lane, Ting Morris

Edición Foreign Concept

Estilista de Alimentos Lee Blaylock

Diseño Aurora Granata

Preimpresión Filippo Delle Monache

NOTA PARA NUESTROS LECTORES
Al consumir huevos o claras de huevo que no estén totalmente cocidos tiene el riesgo de contraer salmonelosis o envenenamiento por alimentos. Este riesgo es mayor en mujeres embarazadas, personas de la tercera edad, niños pequeños y personas con sistema inmunológico débil. Si esto le causa preocupación, puede utilizar claras de huevo en polvo o huevos pasteurizados.

ISBN: 978-607-404-533-8

11 10 9 8 7 6 5 4 3 2 1

Contenido

Introducción

Si a usted le gustan los alimentos condimentados, le tenemos la buena noticia de que todos estos platillos aromáticos y picantes que le gustan tanto, también pueden ayudarle a disfrutar una salud admirable. Muchos de los beneficios saludables de los alimentos condimentados vienen de la capsaicina, el ingrediente activo que contienen los chiles. Se cree que la capsaicina ayuda a prevenir el cáncer, proporciona alivio contra el dolor, combate la inflamación, protege su corazón y aumenta la actividad metabólica, estimulando así la pérdida de peso.

Pero otras especias como la cúrcuma, jengibre, canela, cardamomo, cilantro, semillas de mostaza, nuez moscada y muchas otras, también otorgan beneficios saludables. Si usted tiene un resfriado, al comer alimentos condimentados se abrirán sus senos paranasales y bronquios y estimularán su expectoración, ayudándole a aliviarse más rápido. Algunos estudios han sugerido que los alimentos condimentados también pueden beneficiar al cerebro. Las personas que comen muchos alimentos condimentados parecen ser menos propensas a sufrir de Alzheimer y también sufrirán menos de depresiones o migrañas.

En este libro hemos elegido más de 140 platillos condimentados de las cocinas de todo el mundo. Empezando con un capítulo para salsas, encurtidos y marinadas, hemos incluido recetas para sopas, ensaladas, pescados, mariscos, aves, carnes, verduras, postres e incluso bebidas. ¡Disfrútelo!

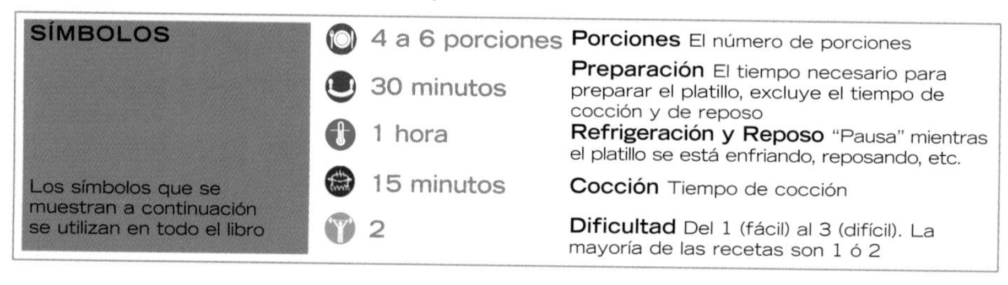

página opuesta: curry tai rojo de verduras pág. 234

eligiendo un platillo condimentado

Este libro tiene 140 recetas para preparar deliciosos platillos condimentados, algo para cada gusto y para cualquier ocasión. Pero, ¿qué sucede si usted no es un cocinero experimentado o si sólo tiene algunos ingredientes en el refrigerador? La sección de recetas SENCILLAS que presentamos a continuación le resolverá el primer problema y la sección de CON SÓLO UNOS CUANTOS INGREDIENTES de la página 14 le resolverá el segundo. ¿Quiere preparar alguna de las recetas favoritas de antaño? Vea nuestras sugerencias para recetas CLÁSICAS. Vea también las recomendaciones para ECONÓMICAS, OPCIONES SALUDABLES Y LAS SELECCIONES DEL EDITOR.

SENCILLAS

ensalada tai de carne de res, pág. 124

sopa picante de carne de res, pág. 108

zhough, pág. 20

mantecadas de queso y elote con sambal, pág. 52

hamburguesas de pollo masala, pág. 180

camarones harissa, pág. 136

lassi picante, pág. 292

ECONÓMICAS

pan de elote con chile, pág. 54

sopa de espinaca picante, pág. 84

espinacas con garbanzos, pág. 262

crème brûlée de chocolate y especias, pág. 306

guisado de carne de res condimentada, pág. 198

RETADORAS

churros con salsa de chocolate picante, pág. 310

samosas de verduras, pág. 72

cangrejo al chile, pág. 132

bolsas de pasta filo de pollo con salsa picante de ciruela, pág. 58

lasaña picante de verduras y lentejas, pág. 282

CON SÓLO UNOS CUANTOS INGREDIENTES

ensalada de piña, jengibre y chile, pág. 114

chili de ejotes largos, pág. 228

papas con chile, pág. 258

café sazonado con cardamomo, pág. 294

spaghetti picante, pág. 276

OPCIONES SALUDABLES

ceviche, pág. 38

sopa de papaya y chile, pág. 82

ensalada de pollo cajún, pág. 122

pescado al chile tai con brócoli, pág. 150

tofu picante frito, pág. 236

CLÁSICAS

chili con carne, pág. 196

sopa tom yum, pág. 104

pollo en mole, pág. 190

curry de verduras, pág. 246

bloody mary, pág. 298

SELECCIONES DEL EDITOR

tortas de pescado estilo tai, pág. 74

ensalada de pollo, toronja y cilantro, pág. 120

laksa de mariscos, pág. 106

filetes de salmón con col china, pág. 156

carne de res satay, pág. 206

pesto de chile con linguine, pág. 278

brownies de chocolate con chile, pág. 314

Salsas, Encurtidos y Marinadas

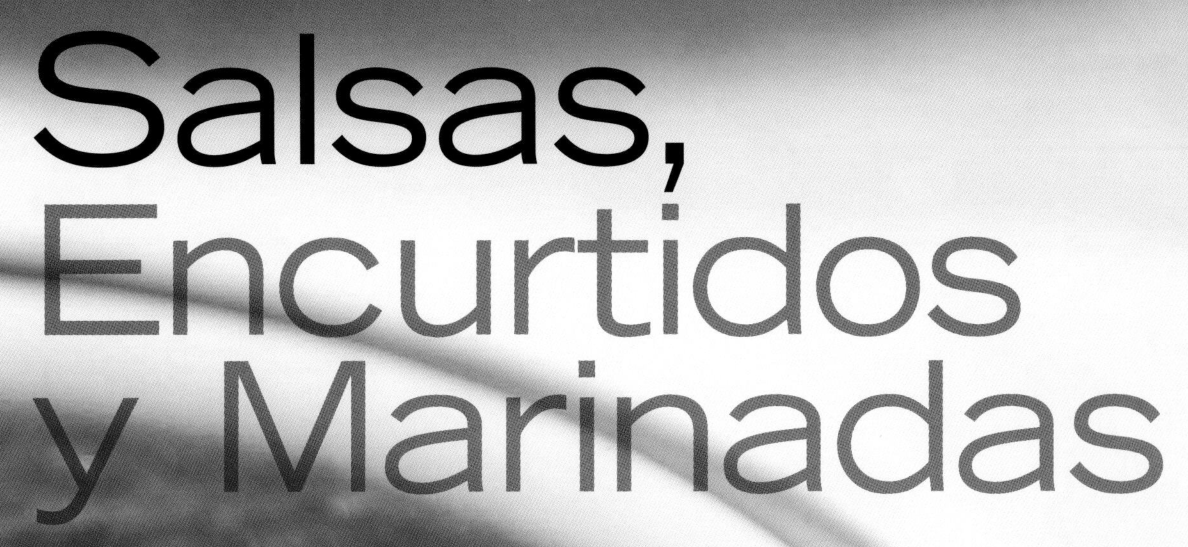

muhammarab

Esta salsa de remojo sazonada de pimiento es originaria de la ciudad antigua de Alepo, en el norte de Siria. Se sirve sobre pan fresco o tostado, o como salsa para acompañar pescados y carnes asadas. Se puede almacenar en el refrigerador hasta por una semana. La melaza de granada roja se puede conseguir en las tiendas especializadas en alimentos árabes y por medio del internet.

Rinde 6 porciones
20 minutos
15 minutos
15 minutos

1

- **3** **pimientos (capsicums) rojos grandes, partidos a la mitad, sin semillas, o un frasco (350 g/12 oz) de pimientos asados rojos, escurridos**
- **½** **cucharadita de chile rojo seco desmenuzado o de hojuelas de chile rojo**
- **⅔** **taza (60 g) de nueces**
- **2** **cucharadas de melaza de granada roja**
- **½** **cucharadita de comino molido**
- **1** **diente de ajo pequeño, sin piel**
- **2** **cucharadas de aceite de oliva extra virgen**
- **Una pizca de azúcar superfina (caster)**
- **Una pizca de sal de mar**
- **1–2** **cucharadas de jugo de limón amarillo recién exprimido**
- **Páprika ahumada, para espolvorear**

1. **Si utiliza pimientos frescos,** precaliente el horno a 250°C (450°F/gas 9). Coloque los pimientos en una charola para hornear con la parte cortada hacia abajo. Ase alrededor de 15 minutos, hasta que estén tatemados y tengan ampollas.
2. **Pase** a un tazón, cubra con plástico adherente y deje enfriar durante 15 minutos. Retire la piel tatemada. Limpie con toallas de papel. No enjuague la piel de los pimientos ya que retiraría gran parte de su delicioso sabor.
3. **Mezcle** los pimientos, chile, nueces, melaza, comino y ajo en un procesador de alimentos hasta obtener un puré terso y cremoso.
4. **Vierta** en un tazón con ayuda de una espátula e integre el aceite, azúcar y sal. Incorpore el jugo de limón. Añada más sal si fuera necesario. Espolvoree con páprika ahumada y sirva.

Si a usted le gustó esta receta, también le gustarán:

encurtido de jitomate y chile

22

hummus marroquí

24

salsa de menta, chile y mango

26

zhough

Sirva esta pasta picante del Medio Oriente como salsa de remojo o aderezo para ensalada. Se puede almacenar en un recipiente hermético en el refrigerador hasta por 10 días.

De 6 a 8 porciones

10 minutos

1

15 gramos (½ oz) de chiles jalapeños u otros chiles picantes frescos
1 taza (50 g/2 oz) de cilantro fresco, toscamente picado
1 taza (50 g/2 oz) de perejil de hoja plana, toscamente picado
1 diente de ajo grande
1 cucharadita de comino molido
½ cucharadita de semillas de cilantro
1 cucharadita de pimienta de cayena
½ cucharadita de vainas de cardamomo verde, desvainado y molido
1 cucharadita de sal
½ cucharadita de pimienta negra recién molida
1–2 cucharadas de jugo de limón amarillo recién exprimido
3 cucharadas de aceite de oliva extra virgen

1. **Mezcle** todos los ingredientes exceptuando el jugo de limón y el aceite en un procesador de alimentos y procese hasta obtener una pasta tersa.
2. **Pase** a un tazón pequeño e integre con el jugo de limón y el aceite.

Si a usted le gustó esta receta, también le gustarán:

muhammarab

18

marinada tikka

28

salsa harissa

30

encurtido de jitomate y chile

Esta salsa fresca y condimentada es un delicioso acompañamiento para platillos de la India. Es especialmente sabrosa con las Samosas de verduras de la página 72.

De 6 a 8 porciones

10 minutos

2-3 minutos

1

- 1 cebolla grande, toscamente picada
- 12 jitomates cereza
- 1 tomate verde, toscamente picado
- 2 chiles jalapeños verdes, sin semillas
- 2-3 cucharadas de agua
- ½ cucharadita de garam masala
- ½ cucharadita de pimienta negra recién molida
- ½ cucharadita de sal
- ½ cucharadita de páprika dulce
- ½ cucharadita de azúcar
- 2 cucharadas de menta fresca, picada
- 2 cucharadas de aceite de girasol
- 1 cucharadita de semillas de mostaza
- 2 chiles rojos pequeños

1. **Mezcle** la cebolla, jitomates cereza, tomate verde y chiles jalapeños en un procesador de alimentos. Agregue el agua poco a poco y procese hasta obtener una salsa espesa con trozos pequeños.
2. **Añada** el garam masala, pimienta, sal, páprika, azúcar y menta. Mezcle ligeramente durante 10 segundos.
3. **Caliente** el aceite en una sartén mediana sobre fuego bajo. Agregue las semillas de mostaza y los chiles rojos enteros; saltee de 2 a 3 minutos. Integre con los ingredientes procesados.
4. **Pase** a un platón de servicio y sirva.

Si a usted le gustó esta receta, también le gustarán:

muhammarab

18

hummus marroquí

24

salsa de menta, chile y mango

26

hummus marroquí

Sirva este hummus medianamente especiado como una salsa de remojo con pan árabe, pan tostado, galletas o rebanadas de verduras frescas.

- De 6 a 8 porciones
- 15 minutos
- 10 minutos
- 1

- 1 cebolla, sin piel y picada en 8 gajos
- 4 cucharadas (60 ml) de agua
- Una pizca de pistilos de azafrán
- 2 tazas (400 g) de garbanzos de lata, drenados
- Jugo recién exprimido de 1 limón amarillo
- 3 cucharadas de aceite de oliva extra virgen + el necesario para rociar
- 2 dientes de ajo, picados
- 2–3 cucharadas de tahini (pasta de semillas de ajonjolí)
- $\frac{1}{4}$ cucharadita de comino
- $\frac{1}{4}$ cucharadita de pimienta de cayena
- Sal y pimienta negra recién molida
- Páprika picante, para decorar

1. **Mezcle** la cebolla, agua y azafrán en una olla pequeña. Tape y deje hervir sobre fuego bajo cerca de 10 minutos, hasta que la cebolla esté suave. Escurra y reserve el líquido de cocción.
2. **Muela** los garbanzos y la cebolla en un procesador de alimentos con un poco del líquido de cocción. Cuando la mezcla esté tersa añada el jugo de limón, una cucharada de aceite, el ajo, tahini, comino y pimienta de cayena. Procese hasta obtener una mezcla tersa.
3. **Con el motor encendido,** vierta un poco más del aceite por el orificio de la tapa. Usando una espátula baje la mezcla de las orillas del procesador para mezclar, hasta integrar por completo.
4. **Añada** el aceite restante y más agua si fuera necesario, para diluir la mezcla y obtener una pasta tersa.
5. **Pase** a un tazón y sazone con sal y pimienta. Espolvoree con páprika y rocíe con un poco más de aceite.

Si a usted le gustó esta receta, también le gustarán:

encurtido de jitomate y chile

salsa de menta, chile y mango

salsa de menta, chile y mango

Esta salsa naturalmente dulce, combina de maravilla con pescado asado a la parrilla y platillos de carne, al igual que con tubérculos como las papas y las zanahorias. Usted también puede servirla para acompañar varias botanas.

De 8 a 10 porciones

15 minutos

1

3 mangos grandes, sin piel y picados en cubos
2 chiles rojos pequeños, sin semillas y finamente picados
½ taza (25 g) de hojas de menta, finamente picadas
2 cucharadas de cilantro fresco, finamente picado
2 cucharadas de vinagre de arroz
1 cucharada de aceite vegetal
1 cucharada de piloncillo rallado, azúcar de palma o azúcar morena
½ cucharada de salsa de pescado tai
Ralladura fina y jugo de 1 limón verde

1. **Coloque** el mango, chile, menta y cilantro en un tazón mediano.
2. **Mezcle** el vinagre, aceite, piloncillo, salsa de pescado, ralladura y jugo de limón en un tazón de cerámica o vidrio pequeño. Rocíe sobre el mango y mezcle hasta integrar.

Si a usted le gustó esta receta, también le gustarán:

encurtido de jitomate y chile

hummus marroquí

marinada tikka

Coloque en un recipiente hermético, cubra con una capa de aceite y almacene en refrigeración hasta por una semana. Utilice como marinada o para sazonar platillos de curry. También puede usarse para frotar las carnes antes de asarlas en una sartén o una parrilla para asar.

Rinde 4 porciones

5 minutos

1

2 **dientes de ajo, sin piel y machacados**
2 **cucharaditas de jengibre fresco, finamente rallado**
2 **chiles verdes, sin semillas**
1 **chile rojo medianamente picante, sin semillas**
1 **cucharadita de garam masala**
½ **cucharadita de semillas de cilantro molidas**
½ **cucharadita de comino molido**
¾ **cucharadita de polvo de curry**
¼ **cucharadita de sal de mar**
1 **cucharada de jugo de limón amarillo recién exprimido**
4 **cucharadas (60 ml) de aceite de cacahuate**

1. **Mezcle** todos los ingredientes con 2 cucharadas del aceite en un procesador de alimentos. Con el motor encendido a velocidad baja vierta las 2 cucharadas de aceite restante y procese hasta obtener una pasta espesa.

Si a usted le gustó esta receta, también le gustarán:

zhough

salsa harissa

salsa harissa

La salsa harissa es una pasta de chile de Túnez, utilizada para sazonar sopas, guisos, cuscús y muchos otros platillos. Añada un poco de cebolla picada y unte sobre pan árabe tostado como botana. Coloque en un frasco con tapa de rosca, cubra con una capa de aceite, tape y almacene en refrigeración hasta por tres semanas.

De 4 a 6 porciones
20 minutos
15 minutos
1

- **6** **chiles rojos secos pequeños**
- **¼** **taza (60 ml) de agua tibia**
- **1** **pimiento (capsicum) rojo, partido a la mitad, sin semillas, o 120 g (4 oz) de pimiento de frasco, escurrido**
- **2** **cucharaditas de semillas de comino**
- **1** **cucharadita de semillas de alcaravea**
- **1** **cucharada de semillas de cilantro**
- **½** **cucharadita de sal**
- **2** **dientes de ajo, sin piel**
- **½** **cucharadita de páprika dulce ahumada**
- **6** **hojas de menta fresca**
- **6** **cucharadas (90 ml) de aceite de oliva extra virgen**
- **1** **cucharadita de vinagre de vino tinto**

1. **Remoje** los chiles en un tazón con el agua durante 20 minutos.
2. **Si utiliza un pimiento fresco,** precaliente el horno a 250°C (475°F/gas 9). Coloque el pimiento con la piel hacia arriba sobre una charola para hornear. Ase cerca de 15 minutos, hasta que se ampolle y ennegrezca.
3. **Pase** a un tazón, cubra con plástico adherente y deje enfriar durante 15 minutos. Retire la piel tatemada con toallas de papel. No enjuague ya que retiraría gran parte de su delicioso sabor.
4. **Coloque** las semillas de comino, alcaravea y cilantro en una sartén pequeña sobre fuego medio durante 1 ó 2 minutos, hasta que aromaticen y se sequen.
5. **Mezcle** el pimiento, chiles y agua de remojo, mezcla de especias, sal, ajo, páprika y menta en un procesador de alimentos y procese hasta picar toscamente.
6. **Con el motor encendido a velocidad baja,** vierta el aceite y procese hasta obtener una salsa espesa. Incorpore el vinagre.

Si a usted le gustó esta receta, también le gustarán:

muhammarab

zhough

berberé

Esta mezcla de especias secas de Etiopía puede almacenarse en un recipiente hermético en refrigeración hasta por 2 meses. Frote sobre la carne antes de guisar o asar. También hemos incluido instrucciones para hacer una salsa añadiendo un poco de líquido.

De 4 a 6 porciones
10 minutos
1-2 minutos
1

- 2 cucharaditas de vainas de cardamomo, desvainado
- 15 clavos de olor
- 3 cucharaditas de semillas de fenogreco o alholva
- 1 chile chipotle seco, desmoronado
- ¼ cucharadita de jengibre en polvo
- 4 cucharaditas de pimienta de cayena
- 1 cucharadita de cúrcuma en polvo
- 1 cucharadita de sal

1. **Mezcle** el cardamomo, clavos de olor, fenogreco, chipotle y jengibre en una sartén pequeña sobre fuego medio y caliente en seco durante 1 ó 2 minutos, mezclando continuamente, hasta que aromatice.
2. **Pase** a un mortero o molcajete y muela con la mano añadiendo poco a poco la pimienta de cayena, cúrcuma y la sal, hasta obtener una mezcla tersa. O, si lo desea, puede moler en un molino de especias o de café hasta obtener un polvo.
3. **Para preparar el berberé,** coloque la mezcla seca en un tazón. Agregue el aceite de oliva, vino o agua necesaria para obtener una salsa tersa. Si lo desea, puede añadir cebolla o jengibre fresco rallado al gusto. Utilice esta salsa para sazonar guisados.

Si a usted le gustó esta receta, también le gustarán:

zhough

20

marinada tikka

28

salsa harissa

30

Entradas y Botanas

brochetas de pimiento y anchoas

Estas tapas del tamaño de un bocado son perfectas para acompañar una copa de vino blanco frío antes de la cena.

- De 4 a 6 porciones
- 30 minutos
- 15 minutos
- 20 minutos
- 2

- 3 pimientos (capsicums) rojos grandes, partidos longitudinalmente en cuartos, sin semillas
- 12 filetes de anchoa, drenados
- 12 hojas pequeñas de salvia fresca
- 12 aceitunas verdes, sin hueso y rellenas de pimiento
- 4 chiles verdes grandes en escabeche, partidos transversalmente en rebanadas gruesas
- 2 cucharadas de aceite de oliva extra virgen
- 1 cucharadita de hojas de tomillo fresco
- ½ cucharadita de hojuelas de chile rojo
- ½ cucharadita de semillas de hinojo
- 60 gramos (2 oz) de queso manchego o pecorino añejo finamente rallado

1. **Precaliente** el horno a 250°C (475°F/gas 9). Coloque los pimientos con la piel hacia arriba sobre una charola para hornear. Ase alrededor de 15 minutos, hasta que se quemen y tengan ampollas. Deje encendido el horno.
2. **Pase** a un tazón, cubra con plástico adherente y deje enfriar durante 15 minutos. Retire toda la piel quemada. Limpie con toallas de papel. No enjuague los pimientos asados ya que esto retirará gran parte de su delicioso sabor.
3. **Coloque** sobre un plato cada filete de anchoa con la parte plateada hacia abajo. Coloque una hoja de salvia y una aceituna rellena en una orilla y enrolle. Enrolle un trozo de pimiento asado alrededor del paquete de anchoa.
4. **Pique** una rebanada de chile en escabeche con una brocheta para coctel y ensarte la brocheta a través del rollo de pimiento. Repita la operación con los ingredientes restantes para hacer 12 brochetas.
5. **Coloque** las brochetas sobre una charola para hornear. Rocíe con el aceite y espolvoree con el tomillo, hojuelas de chile rojo y semillas de hinojo. Espolvoree con queso.
6. **Hornee** durante 5 minutos, hasta que el queso se haya derretido. Sirva caliente o tibio.

Si a usted le gustó esta receta, también le gustarán:

ceviche

38

pulpo pequeño y camarones con salsa de chile verde

44

nachos picantes de frijol

60

ceviche

El ceviche es una de las entradas favoritas de Centro y Sudamérica. Se prepara con filetes de pescado crudo que se "cocinan" en jugo de limón amarillo o verde fresco. El ceviche es una entrada refrescante y muy saludable.

Rinde 4 porciones
20 minutos
4 horas
2

- 500 gramos (1 lb) de filetes de huachinango u otro pescado blanco firme, sin piel ni espinas
- Jugo recién exprimido de 6 limones verdes
- Jugo recién exprimido de 2 limones amarillos
- 2 cucharadas de aceite de oliva extra virgen
- Sal y pimienta negra recién molida
- 2 jitomates medianos, partidos en dados
- 1 cebolla morada pequeña, partida a la mitad y finamente rebanada
- 1 aguacate, sin hueso y partido en dados
- 2 cucharadas de cilantro fresco, finamente picado
- 2 chiles rojos pequeños, sin semillas y finamente picados
- 8–12 hojas de lechuga orejona (romaine), para acompañar

1. **Rebane** el pescado en tiras delgadas y coloque en un tazón mediano o en un tazón de acero inoxidable. Rocíe con el jugo de limón verde y limón amarillo y revuelva suavemente para cubrir. Tape el tazón con plástico adherente y refrigere durante 4 horas, mezclando ocasionalmente. Cuando esté listo, la carne del pescado deberá estar opaca.
2. **Escurra** el pescado, reservando 3 cucharadas (45 ml) de la marinada. Bata la marinada restante con el aceite en un tazón pequeño con ayuda de un batidor globo. Sazone con sal y pimienta y reserve.
3. **Mezcle** el pescado con los jitomates, cebolla, aguacate, cilantro, chiles y aderezo de marinada en un tazón mediano y mezcle suavemente para integrar.
4. **Usando una cuchara** coloque un poco de la mezcla de ceviche en cada hoja de lechuga. Prepare 2 ó 3 hojas rellenas para cada invitado. Sirva.

Si a usted le gustó esta receta, también le gustarán:

brochetas de pimiento y anchoas

tortas de pescado estilo tai

cangrejo al chile

mejillones asados con cubierta condimentada

Cuando compre mejillones, busque aquellos que no tengan las conchas rotas ni llenas de lodo ya que tendrá que remojarlas y tallarlas antes de usarlas. Si compra mejillones limpios en su concha, sáltese el paso de remojo que incluimos en esta receta.

De 4 a 6 porciones
30 minutos
1 hora
20 minutos
2

- 1 kilogramo (2 lb) de mejillones grandes en su concha
- ¼ taza (60 ml) de agua
- 2 cucharadas de aceite de oliva extra virgen + el necesario para rociar
- 1 cebolla pequeña, finamente picada
- 1 diente de ajo, finamente picado
- 1½ taza (120 g) de migas de pan fresco
- 6 cucharadas de pancetta o tocino, finamente picado
- 3 cucharadas de perejil fresco, finamente picado
- 1 chile rojo pequeño, sin semillas y finamente picado
- ½ cucharadita de páprika ahumada
- Sal y pimienta negra recién molida

1. **Si los mejillones no están limpios,** remójelos en una olla grande con agua fría alrededor de una hora. Cambie el agua a menudo.
2. **Precaliente** el horno a 200°C (400°F/gas 6). Prepare un refractario grande.
3. **Escurra** los mejillones y retire las barbas que tengan con ayuda de un cuchillo. Coloque los mejillones y el agua en una sartén grande sobre fuego medio-alto, tape y cocine durante 3 ó 4 minutos, hasta que se hayan abierto. Deseche los mejillones que no se hayan abierto.
4. **Deseche** las conchas superiores de los mejillones y acomode las conchas inferiores con los mejillones en una sola capa en el refractario.
5. **Caliente** el aceite en una sartén mediana sobre fuego medio. Agregue la cebolla y el ajo y saltee durante 3 ó 4 minutos, hasta que estén suaves. Retire del fuego. Agregue las migas de pan, pancetta, perejil, chile y páprika y mezcle hasta integrar. Sazone con sal y pimienta.
6. **Usando una cuchara** coloque la mezcla de migas de pan sobre los mejillones. Rocíe con un poco de aceite y hornee durante 10 minutos o hasta que estén dorados y crujientes. Sirva calientes o a temperatura ambiente

Si a usted le gustó esta receta, también le gustarán:

callo de hacha al curry

mejillones estilo español

paella picante de mariscos

callo de hacha al curry

Si le es posible, pida a su pescadero que abra los callos de hacha. Si usted los va a abrir, coloque cada concha con la parte plana sobre una mesa y pase un cuchillo resistente de cuchilla delgada entre las dos mitades. Abra y resbale el cuchillo por debajo del callo de hacha, manteniendo la cuchilla plana. Con un movimiento suave desprenda el ligamento que detiene al callo de hacha en la concha.

- De 4 a 6 porciones
- 15 minutos
- 10–15 minutos
- 1

SALMUERA DE CHILE

- 2 cucharadas de aceite de oliva extra virgen
- 1 cebolla morada, finamente picada
- 2 dientes de ajo, finamente picados
- 2 chiles verdes medianos, sin semillas y finamente picados
- 1 chile rojo pequeño, sin semillas y finamente picado
- 1 cucharadita copeteada de jengibre fresco, finamente picado
- 2 cucharadas de salsa de pescado tai
- Ralladura fina y jugo de 4 limones verdes
- 5 hojas de curry fresco o 1 cucharada de hojas de curry seco
- 3 cucharadas de cilantro fresco, finamente picado
- Sal y pimienta negra recién molida

CALLOS DE HACHA

- 12 callos de hacha frescos medianos, con coral, en media concha
- 1–2 cucharadas de aceite de oliva extra virgen
- ½ cucharadita de sal
- ¼ cucharadita de pimienta negra recién molida
- 1 cucharada de curry en polvo
- ¼ cucharadita de pimienta de cayena
- Rebanadas de limón verde, para acompañar

1. **Para preparar la salmuera de chile,** caliente el aceite en una olla pequeña sobre fuego bajo. Agregue la cebolla, ajo, chiles y jengibre y saltee de 8 a 10 minutos, hasta que estén suaves pero no dorados.
2. **Agregue** la salsa de pescado, ralladura y jugo de limón y las hojas de curry. Hierva a fuego lento alrededor de 15 minutos, hasta que la mezcla esté muy suave. Agregue el cilantro y hierva a fuego lento durante 2 minutos más. Sazone con sal y pimienta y reserve para que se enfríe ligeramente.
3. **Usando una cuchara** coloque aproximadamente 1½ cucharada de la salmuera de chile en cada concha de callo de hacha. Pase a un plato de servicio y reserve mientras prepara los callos de hacha.
4. **Para preparar los callos de hacha,** talle cada callo de hacha con aceite y sazone ambos lados con sal y pimienta. Espolvoree con curry en polvo y pimienta de cayena.
5. **Caliente** una sartén para asar o parrilla sobre fuego medio-alto. Cocine los callos de hacha durante un minuto, rote para que se les marquen las rayas de la rejilla en forma de cuadros y cocine durante un minuto más. Voltee los callos de hacha y cocine durante 1½ minuto por el otro lado.
6. **Coloque** los callos de hacha con el lado marcado a cuadros sobre las conchas preparadas. Adorne con rebanadas de limón verde y sirva calientes o a temperatura ambiente

pulpo pequeño y camarones con salsa de chile verde

Para cocinar camarones crudos ponga a hervir 8 tazas (2 litros) de agua con 2 cucharadas de sal en una olla. Agregue los camarones y hierva a fuego lento hasta que estén opacos y de color rosado. Asegúrese de no sobre cocinarlos. Retire sus pieles y desvene.

Rinde 6 porciones

15–20 minutos

6–10 minutos

2

SALSA DE CHILE VERDE

- 4 chiles verdes largos, sin semillas y picados
- ½ cucharadita de semillas de cilantro, tostadas
- ½ cucharadita de semillas de comino, tostadas
- 2 dientes de ajo, finamente picados
- Una pizca de sal
- 1 taza (50 g) de cilantro fresco, toscamente picado
- 1 cucharada de jugo recién exprimido de limón verde
- 4 cucharadas (60 ml) de aceite de oliva extra virgen
- Sal y pimienta negra recién molida

PULPO PEQUEÑO Y CAMARONES

- 4 cucharadas (60 ml) de aceite de oliva extra virgen
- 12 pulpos pequeños, sin cabeza y limpios
- Una pizca de sal gruesa de mar
- Pimienta negra recién molida
- 12 camarones (langostinos) grandes, cocidos, sin piel y limpios

1. **Para preparar la salsa de chile verde,** mezcle los chiles con las semillas de cilantro y comino, ajo, sal y cilantro en un procesador de alimentos y mezcle hasta obtener una mezcla tersa.
2. **Pase** a un tazón pequeño y agregue el jugo de limón verde y el aceite. Sazone con sal y pimienta.
3. **Para preparar los pulpos pequeños,** caliente el aceite en una sartén grande sobre fuego alto. En cuanto el aceite empiece a humear, agregue los pulpos. Sazone con sal y pimienta y fría durante 4 ó 5 minutos, hasta que estén suaves, volteando a medida que siseen.
4. **Disminuya** el fuego a medio y agregue la salsa de chile verde. Revuelva hasta distribuir uniformemente.
5. **Agregue** los camarones y cocine durante 2 ó 3 minutos, hasta que estén calientes. Rectifique la sazón y sirva caliente.

Si a usted le gustó esta receta, también le gustarán:

ceviche

mejillones asados con cubierta condimentada

callo de hacha al curry

elotes a la parrilla con mantequilla de chile

Estos elotes saben mejor cuando se sirven directamente de la parilla para que pueda disfrutar de su condimentado sabor ahumado. También los puede cocinar bajo el asador de su horno o sobre una parrilla ligeramente engrasada con aceite.

Rinde 6 porciones
10 minutos
20 minutos
10–20 minutos

1

ELOTES

6 mazorcas de elote fresco, suaves, con hojas

MANTEQUILLA DE CHILE

1/3 taza (90 g) de mantequilla sin sal, suavizada
1/2 cucharadita de sal
1 cucharadita de semillas de comino, ligeramente tostadas y trituradas
2 cucharaditas de páprika picante ahumada
1 cucharadita de chile en polvo
1 cucharada de hojas de tomillo fresco
1 chile rojo, sin semillas y finamente picado
1 cucharadita de jugo recién exprimido de limón verde o amarillo

1. **Para preparar los elotes,** abra las hojas sin desprenderlas de la mazorca y retire cuidadosamente todas las fibras sedosas. Vuelva a cerrar las hojas.
2. **Coloque** las mazorcas de elote en un tazón grande y cubra con agua fría. Deje remojar durante 20 minutos.
3. **Para preparar la mantequilla de chile,** mezcle la mantequilla con la sal, comino, páprika, chile en polvo, tomillo, chile y jugo de limón verde o amarillo en un tazón pequeño.
4. **Escurra** los elotes y coloque sobre la parrilla de un asador caliente. Ase de 10 a 20 minutos, volteándolos frecuentemente con unas pinzas, hasta que estén suaves y quemados por todos lados. Rocíe las hojas con algunas gotas de agua para que no se quemen.
5. **Retire** las hojas y unte los elotes generosamente con la mantequilla de chile. Sirva inmediatamente.

Si a usted le gustó esta receta, también le gustarán:

samosas de verduras

chiles jalapeños rellenos

tortas de papa a la pimienta con guacamole

pizza picante de camarones

Agregue hojuelas de chile rojo (o chiles secos desmoronados) al gusto a esta pizza.

- De 4 a 8 porciones
- 45 minutos
- 2–2 1/2 horas
- 25–35 minutos
- 2

MASA PARA PIZZA

- 1 cucharada (15 g) de levadura instantánea en polvo
- 1 taza (250 ml) de agua tibia
- 2 2/3 tazas (400 g) de harina de trigo (simple)
- Una pizca de sal
- 1 cucharada de aceite de oliva extra virgen

SALSA DE JITOMATE

- 2 cucharadas de aceite de oliva extra virgen
- 1 cebolla pequeña, finamente picada
- 2 dientes de ajo, finamente picados
- 2 tazas (400 g) de jitomates en lata enteros, con su jugo, picados
- 1/2 cucharada de orégano seco
- 1/2 cucharadita de azúcar
- 1/2 cucharadita de páprika picante
- 1/4 cucharadita de pimienta de cayena
- Sal y pimienta negra recién molida

CUBIERTA

- 16 camarones (langostinos) cocidos, sin piel y limpios
- 1/2 taza (80 g) de pimientos (capsicums) asados, rebanados
- 250 gramos (8 oz) de queso mozzarella o emmental, toscamente rallado
- Hojuelas de chile rojo

1. **Para preparar la masa para pizza,** mezcle la levadura y el agua en un tazón pequeño. Reserve alrededor de 10 minutos hasta que espume. Mezcle la harina y la sal en un tazón grande y haga una fuente en el centro. Vierta la mezcla de levadura y aceite en la fuente e integre con ayuda de un tenedor.
2. **Coloque** la masa sobre una superficie de trabajo limpia y amase de 10 a 15 minutos, hasta obtener una mezcla tersa y elástica. Dele forma de bola. Coloque la masa en un tazón ligeramente engrasado con aceite, cubra con una toalla de cocina y reserve en un lugar cálido de 1 1/2 a 2 horas, hasta que duplique su tamaño.
3. **Coloque** la masa sobre una superficie de trabajo limpia y golpee para sacar todo el aire. Divida la masa en dos porciones iguales y coloque sobre una charola para hornear ligeramente engrasada con aceite. Cubra con una toalla de cocina y reserve en un lugar cálido alrededor de 30 minutos, hasta que duplique su tamaño.
4. **Precaliente** el horno a 250°C (475°F/gas 9).
5. **Para preparar la salsa de jitomate,** caliente el aceite en una olla mediana sobre fuego medio. Agregue la cebolla y el ajo y saltee durante 3 ó 4 minutos, hasta que estén suaves. Añada los jitomates, orégano, azúcar, páprika y pimienta de cayena y lleve a ebullición. Disminuya el fuego a bajo y hierva a fuego lento de 10 a 15 minutos, hasta que espese. Sazone con sal y pimienta.
6. **Precaliente** dos charolas para pizza de 25 cm (10 in) en el horno durante 5 minutos. Engrase ligeramente con aceite. Estire la masa para cubrir las charolas, dándole pequeños golpes para aplanarla.
7. **Extienda** la salsa sobre las bases de pizza. Acomode los camarones y los pimientos sobre la superficie. Espolvoree con el queso y hojuelas de chile rojo. Hornee de 10 a 15 minutos o hasta que el queso burbujee y se dore. Sirva caliente.

rollos de chorizo

Estos rollos deben servirse recién salidos del horno. Son una maravillosa botana para servir a los hambrientos admiradores de los deportes mientras ven jugar a sus equipos favoritos en la televisión.

- De 4 a 8 porciones
- 40 minutos
- 1 hora
- 25 minutos
- 2

CHORIZO

- 1 cucharada de aceite de oliva extra virgen
- 250 gramos (8 oz) de chorizo fresco o salchichas italianas, cortadas en trozos de 1 cm (½ in)
- 1 cucharadita de hojuelas de chile rojo o chiles secos desmoronados
- ½ cucharadita de páprika picante ahumada

ROLLOS

- 1 cucharadita de levadura instantánea en polvo
- ½ cucharadita de azúcar
- Aproximadamente 1 taza (250 ml) de agua tibia
- 2⅓ tazas (350 g) de harina de trigo (simple)
- ¾ cucharadita de sal de mar

1. **Para preparar el chorizo,** caliente el aceite en una sartén grande sobre fuego medio-alto. Agregue el chorizo y saltee de 3 a 5 minutos, hasta que esté crujiente. Agregue las hojuelas de chile rojo y la páprika y saltee durante 30 segundos. Escurra el aceite y reserve. Deje que el chorizo se enfríe.
2. **Para preparar los rollos,** coloque la levadura y el azúcar en un tazón pequeño con ⅓ taza (90 ml) del agua tibia. Reserve alrededor de 10 minutos, hasta que espume.
3. **Mezcle** la harina y sal en un tazón grande. Vierta la mezcla de levadura y bastante del agua restante para hacer una masa firme. Pase a una superficie de trabajo ligeramente enharinada y amase durante 5 minutos. Integre lentamente el aceite de la cocción del chorizo, frío. Amase durante 5 minutos más.
4. **Divida** la masa en 8 porciones y ruede cada una para hacer 8 bolas. Sostenga una bola sobre su mano y coloque algunos trozos de chorizo en el centro. Cierre el orificio y ruede una vez más sobre la superficie de trabajo enharinada.
5. **Engrase con aceite** una charola para hornear grande y coloque los rollos sobre ella, dejando una buena separación entre ellos. Engrase ligeramente las superficies con aceite. Cubra con plástico adherente engrasado con aceite y reserve en un lugar cálido alrededor de una hora, hasta que duplique su tamaño.
6. **Precaliente** el horno a 220°C (425°F/gas 7). Hornee los rollos durante 20 minutos o hasta que se doren. Sirva calientes.

Si a usted le gustó esta receta, también le gustarán:

pizza picante de camarones

48

mantecadas de queso y elote con sambal

52

pan de elote con chile

54

mantecadas de queso y elote con sambal

Sambal oelek es una pasta de chile picante de Indonesia. Se vende en las tiendas especializadas en alimentos asiáticos o en la sección de productos asiáticos de los supermercados bien surtidos. Si lo desea, puede sustituirla por la salsa harissa de la página 30.

De 6 a 8 porciones
15 minutos
15–20 minutos
1

- **1 ½ taza (225 g) de harina de trigo (simple)**
- **1 ½ cucharaditas de polvo para hornear**
- **1 cucharadita de comino molido**
- **½ cucharadita de semillas de cilantro, molidas**
- **½ cucharadita de páprika picante**
- **¼ cucharadita de sal**
- **¼ cucharadita de pimienta negra recién molida**
- **2 tazas (400 g) de granos de elote en lata (elote dulce), drenados**
- **½ taza (60 g) de queso cheddar recién rallado**
- **2 cucharadas de cilantro fresco, finamente picado**
- **⅔ taza (150 ml) de leche**
- **¼ taza (60 g) de mantequilla, derretida y ligeramente fría**
- **1 huevo grande, ligeramente batido**
- **1 cucharada de sambal oelek u otra pasta de chile**

1. **Precaliente** el horno a 200°C (400°F/gas 6). Engrase ligeramente con aceite o mantequilla una charola para 12 mantecadas pequeñas.
2. **Cierna** la harina, polvo para hornear, comino, semillas de cilantro, páprika, sal y pimienta en un tazón mediano. Agregue los granos de elote, queso y cilantro. Añada la leche, mantequilla, huevo y sambal oelek y revuelva sólo hasta integrar.
3. **Coloque** cucharaditas de la masa preparada en la charola para mantecadas, llenando cada molde hasta tres cuartas partes de su capacidad.
4. **Coloque** en la rejilla central del horno y hornee de 8 a 10 minutos, hasta que se esponjen y doren. Deje enfriar en la charola para mantecadas durante 5 minutos, pase a una rejilla de alambre y deje enfriar por completo. Repita la operación para hornear las mantecadas restantes.
5. **Sirva tibias** o a temperatura ambiente.

Si a usted le gustó esta receta, también le gustarán:

rollos de chorizo
50

pan de elote con chile
54

bolsas de pasta filo de pollo con salsa picante de ciruela
58

pan de elote con chile

Este pan de elote es un maravilloso tentempié si se sirve solo. También se puede servir acompañado de sopas y ensaladas.

De 6 a 8 porciones
15 minutos
30–40 minutos
1

- 1 cucharadita de aceite de maíz
- 150 gramos (5 oz) de cornmeal amarillo finamente molido o polenta
- 1 taza (150 g) de harina de trigo (simple)
- 5 cucharaditas de polvo para hornear
- ½ cucharadita de sal
- ¼ taza (50 g) de azúcar
- 2 cucharaditas de páprika picante
- 1 cucharadita de hinojo molido
- ½ cucharadita de semillas de cilantro, molidas
- 2 chiles rojos, sin semillas y finamente picados
- ¾ taza (200 ml) de leche
- 1 ⅓ taza (300 ml) de crème fraîche
- 2 huevos grandes

1. **Precaliente** el horno a 200°C (400°F/gas 6). Engrase ligeramente con aceite un molde cuadrado para pastel de 20 cm (8 in).
2. **Mezcle** el cornmeal con la harina, polvo para hornear, sal, azúcar, páprika, hinojo, semillas de cilantro y chiles en un tazón grande.
3. **Bata** la leche, crème fraîche y huevos con ayuda de un batidor globo en otro tazón.
4. **Agregue** la mezcla de leche a los ingredientes secos y revuelva hasta integrar por completo.
5. **Vierta** la mezcla en el molde preparado. Hornee de 30 a 40 minutos, hasta que el pan se dore y esté firme al tacto. Deje enfriar ligeramente antes de desmoldarlo sobre una rejilla de alambre. Sirva tibio o a temperatura ambiente.

Si a usted le gustó esta receta, también le gustarán:

mantecadas de queso y elote con sambal

serranitos

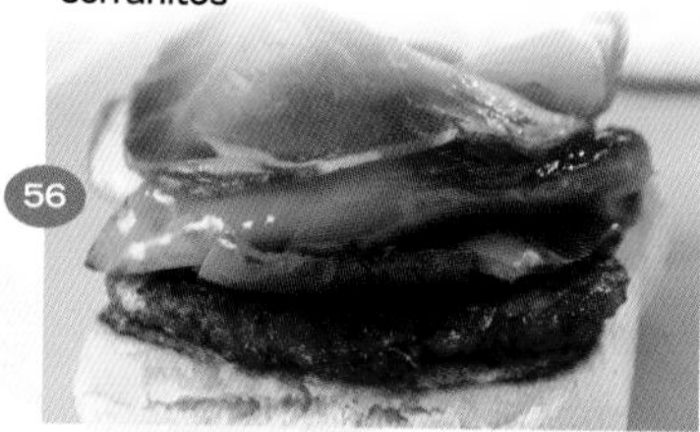

quesadillas de frijol con chile

serranitos

Prepare estos sándwiches abiertos con un pan de textura firme como las ciabattas, baguettes o pan ácido. Sirva calientes como un almuerzo ligero o como un tentempié.

- Rinde 8 porciones
- 20 minutos
- 30–60 minutos
- 10 minutos
- 1

UNTO DE ESPECIAS

- 1 cucharadita de páprika dulce ahumada
- 1 diente de ajo, triturado hasta formar una pasta con una pizca de sal
- ½ cucharadita de pimienta negra
- ⅛ cucharadita de comino en polvo
- ⅛ cucharadita de chile en polvo
- ½ cucharadita de albahaca seca

CARNE DE PUERCO

- 1 filete de puerco (de aproximadamente 500 g/1 lb), cortado longitudinalmente en 8 rebanadas
- ½ taza (125 ml) de aceite de oliva extra virgen
- 2 chiles verdes largos, sin semillas y partidos longitudinalmente en cuartos
- Sal y pimienta negra recién molida
- 2 dientes de ajo, sin piel
- 8 rebanadas de pan ciabatta
- 8 rebanadas delgadas de jamón serrano o de Parma

1. **Para preparar el unto de especias,** mezcle la páprika, ajo, pimienta, comino, chile en polvo y albahaca en un tazón pequeño.
2. **Para preparar el puerco,** aplane las rebanadas con un cuchillo pesado o un rodillo y extienda el unto de especias sobre toda la carne. Deje reposar de 30 a 60 minutos para que se sazone.
3. **Caliente** ¼ taza (60 ml) de aceite en una sartén grande sobre fuego medio. Fría los chiles durante 4 ó 5 minutos, hasta que estén suaves. Corte en trozos del tamaño de un bocado y sazone con sal y pimienta.
4. **Caliente** el ¼ taza (60 ml) de aceite restante en una sartén limpia sobre fuego medio. Cuando el aceite empiece a humear, agregue la carne de puerco. Fría de 3 a 5 minutos, hasta que esté cocida. Sazone con sal y pimienta.
5. **Tueste** el pan y frote con ajo. Rocíe cada rebanada con un poco de aceite de la sartén. Cubra con un trozo de la carne de puerco y los chiles. Cubra con una rebanada de jamón. Sazone con pimienta y sirva.

Si a usted le gustó esta receta, también le gustarán:

hamburguesas de pollo masala

hamburguesas picantes de carne de res

bolsas de pasta filo de pollo
con salsa picante de ciruela

Prepare un platón con estas deliciosas bolsas picantes para servir en un buffet o coctel. Si lo desea, prepare las bolsas y la salsa con anticipación y manténgalas en el refrigerador. Hornee justo antes de servir. No se le olvide recalentar la salsa si estaba en el refrigerador.

De 4 a 6 porciones

45 minutos

50–60 minutos

3

SALSA DE CIRUELA

- **1 taza (250 ml) de agua**
- **1 ¼ taza (250 g) de azúcar**
- **8 ciruelas rojas, partidas a la mitad y sin hueso**
- **1 chile rojo entero grande**
- **3 piezas de anís estrella**
- **1 raja de canela, troceada**
- **1 cucharadita de granos de pimienta Sichuan, triturados**
- **3 clavos de olor**
- **¼ taza (60 ml) de jugo de limón amarillo recién exprimido**
- **Sal**

BOLSAS DE PASTA FILO

- **1 cucharada de aceite de ajonjolí**
- **3 chalotes, finamente picados**
- **2 dientes de ajo, finamente picados**
- **1 cucharadita de jengibre fresco, finamente rallado**
- **1 chile rojo pequeño, sin semillas y finamente picado**
- **125 gramos (4 oz) de hongos shiitake, partidos en dados pequeños**
- **1 cucharadita de mezcla china de 5 especias o mezcla de especias para pay de calabaza**
- **500 gramos (1 lb) de pollo molido (finamente picado)**
- **2 cucharadas de crema ligera (light)**
- **1 clara de huevo grande, ligeramente batida**
- **Sal y pimienta recién molida**
- **12 hojas de pasta filo**
- **½ taza (125 g) de mantequilla, derretida**

1. **Para preparar la salsa de ciruela,** coloque el agua y el azúcar en una olla mediana y lleve a ebullición. Cuando suelte el hervor reduzca el fuego a bajo y hierva a fuego lento alrededor de 5 minutos, hasta que el azúcar se disuelva. Agregue las ciruelas, chile, anís estrella, canela, granos de pimienta y clavos de olor y hierva a fuego lento de 25 a 30 minutos, hasta que las ciruelas estén suaves.
2. **Retire del fuego,** agregue el jugo de limón amarillo y pase a través de un colador de malla fina. Deseche los sólidos y reserve la salsa hasta el momento de usar.
3. **Para preparar las bolsas de pasta filo,** caliente el aceite en una sartén grande sobre fuego medio. Agregue los chalotes, ajo, jengibre y chile y saltee durante 3 ó 4 minutos, hasta que estén suaves. Añada los hongos y la mezcla de especias y cocine alrededor de 5 minutos, hasta que estén suaves. Pase a un tazón. Agregue el pollo, crema y clara de huevo. Sazone con sal y pimienta.
4. **Precaliente** el horno a 200°C (400°F/gas 7). Forre dos charolas para hornear grandes con papel encerado.
5. **Apile** tres hojas de pasta filo, barnizando cada una con mantequilla derretida. Corte las hojas longitudinalmente en tres tiras. Usando una cuchara coloque un poco del relleno de pollo sobre la punta de cada tira. Doble transversalmente hacia adelante y hacia atrás para crear bolsas triangulares pequeñas. Repita la operación con el relleno restante.
6. **Acomode** las bolsas sobre la charola para hornear. Hornee durante 15 minutos o hasta que se doren. Sirva calientes acompañando con la salsa de ciruela.

nachos picantes de frijol

Estos nachos son un sustancioso tentempié. Horneados en platos individuales, se pueden servir a niños o a aquellos tan fanáticos del deporte que no pueden dejar la televisión para ir a la mesa.

Rinde 4 porciones

45 minutos

50–60 minutos

3

- 1 cucharada de aceite vegetal
- 1 cebolla mediana, partida en dados
- ½ cucharadita de comino molido
- ½ cucharadita de semillas de cilantro, molidas
- ½ cucharadita de chile en polvo
- 1 pimiento (capsicum) rojo, partido en dados
- 1 pimiento (capsicum) verde, partido en dados
- 2 tazas (400 g) de frijoles bayos de lata, drenados
- 2 tazas (400 g) de jitomates de lata en dados, con su jugo
- 1 chile jalapeño, sin semillas y partido en rebanadas delgadas
- 1 bolsa (200 g/7 oz) de nachos de maíz o totopos
- 250 gramos (8 oz) de queso fuerte recién rallado
- 1 taza (250 ml) de crema ácida
- 1 aguacate, partido a la mitad y sin hueso
- 2 cucharadas de jugo recién exprimido de limón amarillo
- Sal y pimienta negra recién molida

1. **Caliente** el aceite en una olla mediana sobre fuego medio. Saltee la cebolla durante 2 minutos, agregue el comino, semillas de cilantro y chile en polvo y saltee alrededor de 2 minutos, hasta que aromatice.
2. **Agregue** el pimientos, frijoles bayos, jitomates y chile. Reduzca el fuego a bajo y hierva a fuego lento de 15 a 20 minutos, hasta que los pimientos estén suaves.
3. **Precaliente el horno** a 180°C (350°F/gas 4).
4. **Divida** la mitad de los nachos de maíz entre cuatro tazones refractarios para servir. Usando una cuchara coloque la mitad de la mezcla de frijol y chile sobre la superficie y espolvoree con la mitad del queso. Repita la operación con los nachos, frijoles y queso restantes. Hornee alrededor de 10 minutos, hasta que el queso se derrita.
5. **Para preparar el guacamole,** saque la pulpa del aguacate con ayuda de una cuchara y coloque en un tazón pequeño. Agregue el jugo de limón amarillo y presione con ayuda de un tenedor. Sazone con sal y pimienta.
6. **Retire los nachos** del horno y cubra con una cucharada de crema ácida y guacamole. Sirva tibios.

Si a usted le gustó esta receta, también le gustarán:

rollos de chorizo
50

bolsas de pasta filo de pollo con salsa picante de ciruela

58

quesadillas de frijol con chile
62

quesadillas de frijol con chile

Una quesadilla es una botana mexicana hecha con una tortilla doblada sobre un relleno de queso. Nuestras recetas, la que presentamos en esta página y la de la página 64, ambas son botanas sustanciosas.

Rinde 6 porciones
30 minutos
25 minutos
1

- 2 cucharadas de aceite de oliva extra virgen + el necesario para freír
- 1 cebolla mediana, picada
- 2 dientes de ajo, finamente picados
- ½ cucharada de comino molido
- ½ cucharada de páprika picante
- 1 cucharadita de semillas de cilantro molidas
- ¼ cucharadita de chile en polvo
- 2 tazas (400 g) de jitomates de lata con jugo, picados
- ⅓ taza (90 ml) de agua
- 2 chiles jalapeños, rebanados
- 2 tazas (400 g) de frijoles bayos de lata, drenados
- Sal y pimienta negra recién molida
- 8 tortillas de harina
- 4 cucharadas de cilantro fresco, finamente picado
- ¾ taza (100 g) de queso cheddar recién rallado
- Crema ácida para acompañar

1. **Caliente** 2 cucharadas de aceite en una sartén mediana sobre fuego medio. Agregue la cebolla y el ajo y saltee durante 3 ó 4 minutos, hasta que estén suaves. Añada el comino, páprika, cilantro y chile y saltee alrededor de 30 segundos, hasta que aromatice.
2. **Agregue** los jitomates, agua y chiles jalapeños y lleve a ebullición. Cuando suelte el hervor disminuya el fuego a bajo y hierva alrededor de 5 minutos, hasta que espesen ligeramente.
3. **Agregue** los frijoles bayos y hierva a fuego lento de 5 a 10 minutos, hasta que estén suaves. Sazone con sal y pimienta.
4. **Para armar las quesadillas,** coloque una tortilla sobre una superficie de trabajo limpia. Cubra con una cuarta parte de la mezcla de frijol. Espolvoree con una cuarta parte del cilantro y del queso y cubra con otra tortilla. Repita la operación con el relleno y las tortillas restantes.
5. **Caliente** una cucharada de aceite en una sartén grande sobre fuego medio. Cocine las quesadillas, una a la vez, durante 1 ó 2 minutos de cada lado, hasta que se doren. Agregue más aceite a la sartén si fuera necesario.
6. **Rebane** y sirva caliente acompañando con crema ácida.

Si a usted le gustó esta receta, también le gustarán:

quesadillas de pollo y elote

64

hamburguesas de falafel de menta y chícharo con salsa de chile

274

calzone con berenjena picante y pimiento asado

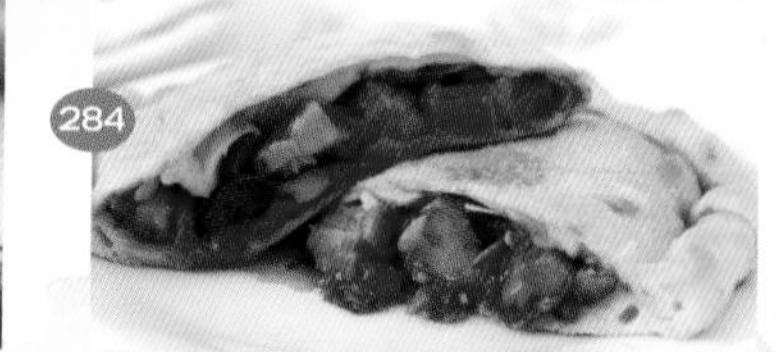
284

quesadillas de pollo y elote

Una quesadilla es un tentempié rápido de estilo mexicano. Los vegetarianos sustituyen el pollo en esta receta por pimientos rojos, verdes y amarillos. Prepare la salsa con anticipación.

Rinde 6 porciones
20 minutos
15 minutos
1

SALSA

- 4 jitomates grandes y maduros, sin piel y picados
- 10 chiles verdes, sin semillas y picados
- 2 chalotes o 1 cebolla pequeña, sin piel y finamente picados
- ½ taza (25 g) de cilantro fresco, finamente picado
- Sal
- 1 cucharada de vinagre de vino blanco
- 1 cucharada de jugo de limón verde recién exprimido

POLLO

- 1 cucharada de aceite de oliva extra virgen
- 2 pechugas de pollo, cortadas en tiras delgadas
- ½ cucharadita de sal de ajo
- 1 cucharadita de páprika picante
- 250 gramos (8 oz) de granos de elote en lata (elote dulce), drenados
- 2 cucharadas de jugo de limón verde recién exprimido
- 6 tortillas de harina
- 250 gramos (8 oz) de queso gruyère o cheddar recién rallado

1. **Para preparar la salsa,** mezcle los jitomates, chiles, chalotes y cilantro en un tazón. Sazone con sal y agregue el vinagre y el jugo de limón verde. Reserve.
2. **Para preparar el pollo,** caliente el aceite en una sartén grande sobre fuego medio. Agregue el pollo y espolvoree con la sal de ajo y la páprika. Saltee durante 5 ó 6 minutos, hasta que empiece a dorarse y esté totalmente cocido.
3. **Agregue** los granos de elote y la salsa. Mezcle de 5 a 8 minutos, hasta calentar e integrar por completo. Agregue el jugo de limón verde.
4. **Caliente** las tortillas en un horno de microondas o sartén, siguiendo las instrucciones del empaque.
5. **Coloque** cada tortilla sobre un plato y usando una cuchara, coloque la mezcla de pollo en el centro de la tortilla. Espolvoree con queso y enróllela. Sirva inmediatamente.

Si a usted le gustó esta receta, también le gustarán:

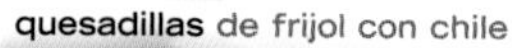
quesadillas de frijol con chile

62

hamburguesas de pollo masala

180

alas de pollo con chile rojo

Sirva estas alas de pollo picantes como un tentempié o una entrada. ¡Tenga cuidado después de comerlas, sus papilas gustativas le estallarán!

Rinde 6 porciones

15 minutos

2–3 horas

40-45 minutos

2

MARINADA

- 2 cucharaditas de salsa de soya
- 1 cucharadita de salsa inglesa
- ½ cucharadita de salsa de chile tipo Tabasco
- 1 cucharada de salsa harissa (vea página 30) o 1 chile rojo fresco, finamente picado
- 1 diente de ajo, finamente picado
- 2 cucharadas de perejil fresco, finamente picado
- 1 chalote o cebolla pequeña, rallada
- ½ cucharadita de pimienta de cayena
- 12 alas de pollo grandes
- 2 cucharadas de salsa de tomate cátsup

SALSA DE REMOJO

- ⅓ taza (100 ml) de crème fraîche
- ½ taza (25 g) de berro, finamente picado
- Sal y pimienta negra recién molida

1. **Para preparar la marinada,** mezcle la salsa de soya, salsa inglesa, salsa de chile, salsa harissa, ajo, perejil, cebolla y pimienta de cayena en un tazón grande y mezcle hasta integrar por completo. Coloque las alas de pollo en la marinada. Cubra y marine en el refrigerador durante 2 ó 3 horas.
2. **Para preparar el pollo,** precaliente el horno a 190°C (375°F/gas 5). Acomode las alas de pollo en una sola capa en un refractario. Vierta la marinada sobre la superficie y revuelva para cubrir las alas uniformemente. Hornee de 30 a 40 minutos, hasta que estén suaves, volteando las alas ocasionalmente.
3. **Precaliente** una sartén para asar hasta que esté muy caliente. Coloque las alas de pollo en la sartén. Mezcle la salsa cátsup con 2 ó 3 cucharadas de la marinada cocida y use para barnizar las alas mientras se cocinan. Ase de 6 a 8 minutos, hasta que estén totalmente cocidas.
4. **Para preparar la salsa de remojo,** mezcle la crème fraîche con los berros en un tazón pequeño y sazone con sal y pimienta.
5. **Sirva** las alas de pollo calientes con la salsa de remojo.

Si a usted le gustó esta receta, también le gustarán:

pollo marinado estilo tex-mex

68

koftas de cordero

70

pollo a la parrilla con salsa mexicana

186

pollo marinado estilo tex-mex

Tex-Mex significa comida mexicana preparada estilo Texas. Este término se hizo popular en los años '40 y ahora es ampliamente usado. El uso de chiles es la clave de la cocina Tex-Mex.

- Rinde 10 porciones
- 20 minutos
- 6-8 horas
- 45-50 minutos
- 2

MARINADA

- 8 chiles rojos pequeños, sin semillas y picados
- 2 cucharadas de pasta de chile o salsa harissa (vea página 30)
- 1 taza (250 ml) de aceite de oliva extra virgen
- 15 dientes de ajo grandes, sin piel y toscamente picados
- 1 cucharadita copeteada de sal
- Jugo recién exprimido de 2 ó 3 limones verdes
- 3 cucharadas de cilantro fresco, finamente picado

POLLO

- 10 mitades de pechugas o muslos de pollo
- Tortillas, para acompañar

1. **Para preparar la marinada,** mezcle los chiles con la pasta de chile en un procesador de alimentos hasta obtener una mezcla tersa.
2. **Caliente** el aceite en una olla mediana sobre fuego bajo. Agregue el ajo y la mezcla de pasta de chile y hierva sobre fuego muy bajo de 35 a 40 minutos, hasta que el ajo esté suave pero no dorado. Deje enfriar. Agregue la sal, jugo de limón verde y cilantro.
3. **Para preparar el pollo,** coloque la marinada en un tazón de vidrio o de acero inoxidable. Agregue el pollo y marine de 6 a 8 horas.
4. **Caliente** una sartén para asar sobre una parilla hasta que esté muy caliente. Escurra el pollo y coloque en la sartén. Cocine durante 3 minutos por un lado. Voltee y cocine por el otro lado. Barnice con la marinada mientras se asa. Cocine alrededor de 10 minutos, hasta que el pollo esté suave.
5. **Sirva caliente** acompañando con las tortillas.

Si a usted le gustó esta receta, también le gustarán:

alas de pollo con chile rojo

pollo a la parrilla con salsa mexicana

pollo piri piri

koftas de cordero

Las koftas son unas albóndigas del Medio Oriente. A menudo se ensartan en pinchos de madera o acero para hacer brochetas y darles una presentación atractiva. Acompañe con una ensalada verde y pan árabe caliente.

Rinde 6 porciones
25 minutos
30 minutos
10 minutos

2

KOFTAS

1 cucharadita de semillas de alcaravea
1 cucharadita de semillas de comino
500 gramos (1 lb) de cordero molido (finamente picado)
1 cucharada de menta seca
1 cucharadita de sal de mar
2 chalotes, rallados
2 cucharaditas de salsa harissa (vea página 30)
1 cucharada de perejil fresco, finamente picado

SALSA DE YOGURT

$\frac{1}{3}$ taza (100 ml) de yogurt simple
$\frac{1}{3}$ taza (100 g) de crème fraîche
$\frac{1}{8}$ cucharadita de sal
Una pizca de pimienta de cayena
1 diente de ajo pequeño, triturado
1 chile rojo pequeño, sin semillas y finamente picado
12 hojas de menta fresca, picadas
Pimienta negra recién molida

1. **Para preparar las koftas,** fría en seco las semillas de alcaravea y comino en una sartén pequeña sobre fuego medio alrededor de un minuto, hasta que aromaticen.
2. **Mezcle** el cordero con las semillas de alcaravea y comino, menta y sal en un tazón mediano. Agregue los chalotes, salsa harissa y perejil y mezcle con la carne hasta incorporar por completo.
3. **Divida** en 6 porciones del mismo tamaño. Con sus manos húmedas y ligeramente engrasadas con aceite haga salchichas de aproximadamente 2 cm (11/2 in) de grueso y 7 cm (3 in) de largo con cada porción. Tape y refrigere por lo menos durante 30 minutos.
4. **Si usa pinchos de madera para brochetas,** remójelos en agua fría durante 30 minutos mientras se marina la carne.
5. **Para preparar la salsa de yogurt,** mezcle el yogurt con la crème fraîche en un tazón pequeño hasta integrar por completo. Agregue la sal, pimienta de cayena, ajo, chile, menta y pimienta. Pase a un plato de servicio.
6. **Ensarte** las koftas en las brochetas, presionando la carne firmemente alrededor de ellas. Coloque sobre una sartén engrasada con aceite o una parrilla caliente engrasada con aceite, precalentada. Ase alrededor de 8 ó 10 minutos, hasta que estén bien doradas por todos lados.
7. **Sirva calientes** acompañando con la salsa de yogurt.

samosas de verduras

Las samosas son un bocadillo de pasta rellena originarias de la India y muchas otras partes de Asia y el Medio Oriente. Se pueden rellenar con mezclas vegetarianas o de pollo o carne picante.

Rinde 8 porciones

30 minutos

30 minutos

30 minutos

3

PASTA

- 2 tazas (300 g) de harina de trigo (simple)
- 1 cucharadita de sal
- 1/4 taza (60 ml) de aceite vegetal
- 1/4 taza (60 ml) de agua

RELLENO

- 4 papas medianas, sin piel
- 2 cucharadas de aceite vegetal + el necesario para la fritura profunda
- 1 cucharadita de semillas de mostaza
- 1 cebolla grande, finamente picada
- 2 dientes de ajo, finamente picados
- 3 hojas de curry
- 1/2 cucharadita de cúrcuma molida
- 1/2 cucharadita de semillas de cilantro, molidas
- 1/2 cucharadita de comino molido
- 1/4 cucharadita de chile en polvo
- 1/4 cucharadita de garam masala
- 1 taza (150 g) de chícharos congelados
- 2 cucharadas de jugo de limón amarillo recién exprimido
- Salsa de jitomate y chile (vea página 22) o chutney de mango comprado, para acompañar

1. **Para preparar la pasta,** cierna la harina y sal sobre un tazón mediano. Agregue el aceite e integre gradualmente el agua, amasando hasta obtener una masa. Amase alrededor de 10 minutos, hasta obtener una mezcla tersa y elástica. Coloque en un tazón ligeramente engrasado con aceite, cubra y reserve durante 30 minutos.
2. **Para preparar el relleno,** coloque las papas en una olla grande, cubra con agua fría y lleve a ebullición sobre fuego alto. Cuando suelte el hervor disminuya el fuego y hierva a fuego lento de 15 a 20 minutos, hasta que estén ligeramente suaves. Escurra y deje reposar para que se enfríe ligeramente.
3. **Caliente** 2 cucharadas de aceite en una olla mediana sobre fuego medio-alto. Agregue las semillas de mostaza, cebolla, ajo, hojas de curry, cúrcuma, semillas de cilantro, comino, chile en polvo y garam masala y saltee durante 3 ó 4 minutos, hasta que la cebolla esté suave y las especias aromaticen.
4. **Parta** las papas en dados e integre con la mezcla de especias. Agregue los chícharos y jugo de limón amarillo; mezcle hasta integrar. Retire del fuego y reserve para que se enfríe.
5. **Amase** la pasta y divida en ocho bolas del mismo tamaño. Extienda una de las bolas con ayuda de un rodillo, haciendo un disco de 18 cm (7 in). Corte el disco a la mitad, humedezca la orilla con un poco de agua y dele forma de cono en su mano, sellando y traslapando la orilla.
6. **Rellene** el cono hasta tres cuartas partes de su capacidad con la mezcla de papa. Humedezca el interior de la unión y selle, presionando la orilla con los dientes de un tenedor. Repita la operación con la masa y el relleno de papa restantes.
7. **Para cocinar,** caliente el aceite en un wok para fritura profunda. Fría las samosas en tandas de 4 ó 5 minutos cada una, hasta que se doren. Retire usando una cuchara ranurada y escurra sobre toallas de papel.
8. **Acompañe** con la salsa o el chutney.

tortas de pescado estilo tai

Sirva estas tortas de pescado como entrada al inicio de un banquete condimentado.

Rinde 8 porciones

30 minutos

30 minutos

30 minutos

2

SALSA DE REMOJO

- 1/2 taza (125 ml) de agua
- 1/4 taza (60 ml) de vinagre blanco
- 1/3 taza (70 g) de azúcar blanca
- 2 cucharadas de salsa de pescado tai
- 1/4 de pepino, sin piel ni semillas y partido en dados
- 1 chile rojo grande, sin semillas y finamente rebanado
- 2 cucharadas de cacahuates tostados, finamente picados

TORTAS DE PESCADO

- 500 gramos (1 lb) de filetes de pescado blanco, toscamente picados
- 1 1/2 cucharadas de pasta tai de curry rojo
- 1 1/2 cucharadas de salsa de pescado tai
- 1 clara de huevo grande
- 2 chalotes pequeños, finamente picados
- 2 ejotes largos o verdes, finamente rebanados
- 2 hojas de limón kaffir, finamente picadas
- 2 cucharadas de cilantro fresco, finamente picado
- Sal y pimienta negra recién molida
- Aceite vegetal, para freír
- 2 limones verdes, rebanados

1. **Para preparar la salsa de remojo,** coloque el agua, vinagre y azúcar en una olla pequeña sobre fuego bajo. Cocine alrededor de 5 minutos, mezclando ocasionalmente, hasta que el azúcar se haya disuelto. Suba el fuego y hierva alrededor de 5 minutos, hasta que tenga la consistencia de una miel ligera.
2. **Pase** a un tazón pequeño. Agregue la salsa de pescado, pepino, chile y cacahuates. Mezcle hasta integrar y reserve para que se enfríe.
3. **Para preparar las tortas de pescado,** coloque el pescado, pasta de curry, salsa de pescado y clara de huevo en un procesador de alimentos y procese hasta obtener una mezcla tersa.
4. **Pase** a un tazón mediano. Agregue los chalotes, ejotes, hojas de limón kaffir y cilantro. Sazone con sal y pimienta. Haga 16 tortas del mismo tamaño con la mezcla de pescado.
5. **Vierta** el aceite en un wok sobre fuego medio y caliente a 190°C (365°F/gas 5). Si no tiene un termómetro para fritura profunda, revise la temperatura del aceite colocando un trozo pequeño de pan en el aceite caliente. Si el pan burbujea inmediatamente en la superficie y empieza a dorarse, el aceite está listo.
6. **Fría** las tortas de pescado en tandas de 4 ó 5 minutos cada una, hasta que estén doradas y totalmente cocidas. Escurra sobre toallas de papel.
7. **Sirva calientes,** acompañando con la salsa de remojo y rebanadas de limón verde.

frituras de camarón a la páprika

Para hacer que los alimentos fritos sean lo más ligero posible, asegúrese de usar aceite poli-insaturado fresco de la mejor calidad como el de canola, de oliva o de cacahuate. Asegúrese de que el aceite esté muy caliente pero no humee cuando usted agregue los alimentos que vaya a freír.

De 6 a 8 porciones
30 minutos
10–15 minutos
2

CAMARONES

350 gramos (12 oz) de camarones (langostinos) pequeños o medianos, sin piel, limpios y sin cabeza ni cola

PASTA

2 cucharadas de buttermilk, yogurt o leche
1 huevo grande, ligeramente batido
$\frac{1}{2}$ cucharadita de salsa harissa (vea página 30)
Un chorrito de salsa de chile tipo Tabasco
$\frac{1}{8}$ cucharadita de sal de ajo
$\frac{3}{4}$ taza (125 g) de harina de trigo (simple)
Una pizca de sal
$\frac{1}{4}$ cucharadita de pimienta negra recién molida
$\frac{1}{4}$ cucharadita de páprika
4 tazas (1 litro) de aceite vegetal para freír

PARA ACOMPAÑAR

Rebanadas de limón amarillo
1 taza (250 ml) de salsa de tomate cátsup
$\frac{1}{2}$ cucharadita de salsa de chile tipo Tabasco

1. **Para preparar los camarones,** hierva 3 tazas (750 ml) de agua en una olla mediana sobre fuego alto. Agregue los camarones y hierva a fuego lento de 2 a 5 minutos, dependiendo de su tamaño, hasta que estén de color rosado. Escurra perfectamente y coloque sobre una toalla de cocina para que se sequen.
2. **Para preparar la pasta,** bata el buttermilk, huevo, salsa harissa, salsa de chile y ajo en un tazón pequeño con ayuda de un batidor globo. Coloque la harina en otro tazón y mezcle con la sal, pimienta y páprika. Sumerja cada camarón en la mezcla de leche y reboce con la harina a las especias.
3. **Vierta** el aceite en una freidora u olla para fritura profunda sobre fuego medio y caliente a 190°C (365°F). Si usted no tiene un termómetro para fritura profunda, revise la temperatura del aceite colocando un trozo pequeño de pan en el aceite caliente. Si el pan burbujea inmediatamente en la superficie y empieza a dorarse, el aceite está listo.
4. **Fría en profundidad** los camarones durante 2 ó 3 minutos, hasta que estén dorados y crujientes. Usando una cuchara ranurada retire del aceite y escurra sobre toallas de papel.
5. **Para servir,** coloque los camarones sobre un platón de servicio acompañando con rebanadas de limón amarillo. Bata la salsa cátsup con la salsa de chile con ayuda de un batidor globo y coloque junto a los camarones para usar como salsa de remojo.

Sopas y Ensaladas

gazpacho picante

Esta sopa contiene los nutrientes del jitomate y el pimiento además de vitaminas C, B6 y K, betacaroteno, fibra dietética y licopeno.

Rinde 4 porciones

15 minutos

4 horas

1

- 1 rebanada gruesa de pan blanco (aproximadamente 60 g/ 2 oz), sin orillas
- 3 cucharadas de vinagre de vino tinto
- 12 jitomates medianos maduros, sin piel ni semillas y toscamente picados
- 1 pimiento (capsicum) rojo, sin semillas y toscamente picado
- 1 chile rojo grande fresco, sin semillas y toscamente picado
- 1 cucharada de puré de jitomate deshidratado
- 1 cucharadita de salsa harissa (vea página 30)
- 3 cucharadas de aceite de oliva extra virgen
- 1-2 tazas (250-500 ml) de agua fría
- Sal y pimienta negra recién molida
- 4 chiles verdes en escabeche, rebanados
- 2 cucharadas de aceitunas negras, sin hueso y rebanadas
- 1 cucharada de cebollín fresco, cortado con tijeras

1. **Mezcle** el pan, vinagre, jitomates, pimiento, chile, puré de jitomate deshidratado, salsa harissa y aceite en un procesador de alimentos y pique hasta obtener una mezcla tersa.
2. **Integre** suficiente agua fría para preparar una sopa espesa o añada al gusto. Sazone con sal y pimienta, tape y refrigere por lo menos durante 4 horas.
3. **Para servir,** vierta en tazones con ayuda de un cucharón y adorne con los chiles en escabeche y las aceitunas. Espolvoree con cebollín y sirva.

Si a usted le gustó esta receta, también le gustarán:

sopa de papaya y chile

82

sopa picante de pescado

102

sopa picante de carne de res

108

sopa de papaya y chile

Esta original sopa proviene de Sudáfrica en donde la papaya (pawpaw) es ampliamente cultivada. Puede servirse fría o caliente. Varíe la cantidad y tipo de chile dependiendo qué tan picante desee esta sopa.

- De 4 a 6 porciones
- 20 minutos
- 4 horas
- 30-35 minutos
- 2

- **1 cucharada de mantequilla**
- **1 cucharada de aceite de semilla de girasol**
- **2 cebollas medianas, picadas**
- **1 cucharadita de jengibre fresco, finamente rallado**
- **3 chiles rojos pequeños, sin semillas y picados**
- **3 papayas grandes, sin piel ni huesos y picadas**
- **¾ taza (180 ml) de jugo de mango**
- **½ cucharadita de sal**
- **¼ cucharadita de pimienta blanca**
- **pizca de nuez moscada rallada**
- **2 tazas (50 ml) de caldo de verduras (vea página 96)**
- **2 tazas (500 ml) de leche**
- **2 cucharaditas de fécula de maíz**
- **¾ taza (180 ml) de crème fraîche o crema espesa**

1. **Caliente** la mantequilla y el aceite en una olla grande para sopa sobre fuego medio. Añada la cebolla y el jengibre y saltee durante 3 ó 4 minutos, hasta que estén suaves.
2. **Añada** los chiles, papaya y jugo de mango y sazone con sal, pimienta y nuez moscada. Cocine a fuego lento alrededor de 20 minutos, hasta que obtengan una consistencia suave y blanda.
3. **Retire** del fuego y mezcle con ayuda de una licuadora de inmersión hasta obtener una mezcla tersa.
4. **Regrese** a la olla y agregue el caldo de verduras y la leche. Lleve casi a ebullición, mezclando frecuentemente y retire del fuego.
5. **Bata** para integrar la fécula de maíz con la crème fraîche en un tazón pequeño. Bata esta mezcla con la sopa para integrar. Reduzca el fuego a lento y cocine durante 1 ó 2 minutos, mezclando constantemente, hasta que esté caliente.
6. **Sirva caliente** o refrigere por lo menos durante 4 horas y sirva fría.

Si a usted le gustó esta receta, también le gustarán:

gazpacho picante

80

lassi picante

292

sopa de espinaca picante

La espinaca es la legendaria fuente de salud y energía, ¡piense en Popeye! Es una fuente rica en luteína (para la salud de los ojos) y otros nutrientes, y se dice que tiene fuertes propiedades anticancerígenas.

Rinde 4 porciones
15 minutos
20-25 minutos

1

2 cucharadas de aceite de oliva extra virgen
3 cebollas moradas, rebanadas
2 dientes de ajo, rebanados
1 cucharadita de páprika picante
1 chile rojo grande, sin semillas y rebanado
1 chile verde, sin semillas y rebanado
1 cucharadita de comino molido
1 taza (50 g) de perejil fresco, picado
1 taza (50 g) de menta fresca, picada
4 tazas (1 litro) de caldo de verduras, caliente (vea página 96)
1 cucharada de chiles jalapeños de frasco, escurridos
500 gramos (1 lb) de espinaca fresca, picada
Ralladura fina de 1 limón verde o amarillo orgánico
Jugo recién exprimido de 2 limones verdes o amarillos
3 cucharadas de yogurt simple, para adornar

1. **Caliente** el aceite en una olla grande para sopa sobre fuego medio. Añada las rebanadas de cebolla y saltee durante 3 ó 4 minutos, hasta que estén suaves.
2. **Agregue** el ajo, páprika, chiles, comino, una cucharada de menta y otra de perejil. Saltee de 6 a 8 minutos, hasta que estén suaves.
3. **Integre** el caldo caliente y los chiles jalapeños; cocine a fuego lento durante 10 minutos.
4. **Integre** la espinaca, perejil y menta restantes y la ralladura y jugo de limón. Retire del fuego en cuanto la espinaca comience a marchitarse, aproximadamente un minuto.
5. **Usando** una licuadora manual de inmersión haga puré, dejando que la sopa conserve bastante textura. Sirva caliente, adornando con un poco de yogurt.

Si a usted le gustó esta receta, también le gustarán:

ensalada coreana de espinaca

110

korma de espinaca

232

espinacas con garbanzos

262

sopa de pastinaca al curry

La pastinaca es una buena fuente de fibra dietética y de una amplia gama de vitaminas y minerales. Una verdura comúnmente ignorada que es dulce por naturaleza y combina perfectamente con las especias de esta sopa con curry. Es fácil de digerir y es muy recomendada para la salud del hígado y los riñones.

Rinde 4 porciones
20 minutos
40-45 minutos
1

- **2** cucharadas de aceite de oliva extra virgen
- **1** cebolla mediana, toscamente picada
- **2** dientes de ajo, finamente picados
- **1** cucharadita de cúrcuma molida
- **½** cucharadita de comino molido
- **¼** cucharadita de cilantro molido
- **¼** cucharadita de jengibre molido
- **¼** cucharadita de chile en polvo
- **800** gramos (1¾ lb) de pastinaca, sin piel y toscamente picada
- **4** tazas (1 litro) de caldo de pollo (vea página 104)
- **1** taza (250 ml) de crema ligera
- Sal y pimienta blanca recién molida
- Cebollín fresco, cortado con tijeras, para adornar

1. **Caliente** el aceite en una olla grande para sopa sobre fuego medio. Añada la cebolla y el ajo y saltee durante 3 ó 4 minutos, hasta que esté suave. Añada la cúrcuma, comino, cilantro, jengibre y chile en polvo y saltee durante 2 ó 3 minutos, hasta que aromatice.
2. **Añada** la pastinaca y el caldo y lleve a ebullición. Tape y cocine a fuego lento alrededor de 30 minutos, hasta que las pastinacas estén suaves. Retire del fuego.
3. **Bata** la sopa con una licuadora manual de inmersión hasta obtener una sopa tersa. Regrese al fuego, añada la crema y caliente lentamente hasta calentar por completo, mezclando ocasionalmente. Sazone con sal y pimienta. Adorne con el cebollín y sirva caliente.

Si a usted le gustó esta receta, también le gustarán:

sopa de papaya y chile

82

sopa de espinaca picante

84

sopa tailandesa de calabaza

88

sopa tailandesa de calabaza

La calabaza es excepcionalmente rica en carotenos, nutrientes que se cree que ayudan a proteger contra el cáncer, enfermedades cardiacas y diabetes tipo 2.

Rinde 4 porciones
20 minutos
40-45 minutos

1

- 2 cucharadas de aceite vegetal
- 1 cebolla grande, toscamente picada
- 2 dientes de ajo, finamente picados
- 1 cucharada de azúcar de palma o azúcar morena
- 2 cucharadas de pasta de chile
- 1 cucharada de jengibre fresco, finamente picado
- 1 kilogramo (2 lb) de calabaza, sin piel ni semillas y toscamente picada
- 2 tazas (500 ml) de caldo de verduras o pollo (vea páginas 96 y 104)
- 2 tazas (400 ml) de leche de coco de lata
- 1 cucharada de salsa tailandesa de pescado
- Sal y pimienta negra recién molida
- Hojas de cilantro fresco, para adornar

1. **Caliente** el aceite en una olla grande para sopa sobre fuego medio. Añada la cebolla, ajo y azúcar de palma y saltee de 3 a 4 minutos, hasta que estén suaves. Agregue la pasta de chile, lemongrass y jengibre y saltee durante 2 ó 3 minutos, hasta que aromatice.
2. **Añada** la calabaza y el caldo y lleve a ebullición. Tape y hierva a fuego lento alrededor de 30 minutos, hasta que la calabaza esté suave.
3. **Integre** la leche de coco y la salsa de pescado. Retire del fuego y mezcle con ayuda de una licuadora manual de inmersión hasta que esté tersa. Regrese la olla al fuego lento y caliente hasta calentar por completo, mezclando de vez en cuando. Sazone con sal y pimienta.
4. **Sirva** caliente adornada con el cilantro.

Si a usted le gustó esta receta, también le gustarán:

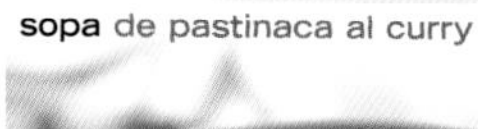

sopa de pastinaca al curry

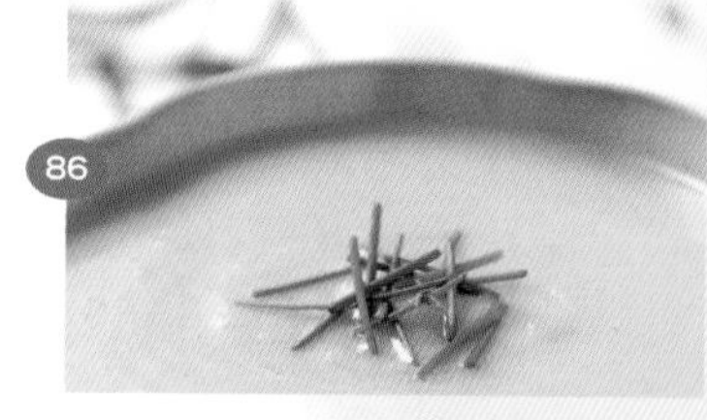
86

sopa de coco, calabaza y camarones

92

sopa tikka

94

sopa agri-picante estilo tai

Los sabores exóticos del lemongrass, hojas de lima kaffir y especias hacen una entrada perfecta para una comida. Si desea un platillo más sustancioso, añada fideo vermicelli a la sopa justo antes de servir.

Rinde 4 porciones

15 minutos

15-20 minutos

2

PASTA DE ESPECIAS

- 5 cucharadas de aceite de cacahuate
- 3 chalotes, finamente picados
- 3 chiles verdes pequeños, picados
- 3 dientes de ajo, finamente picados
- 1 trozo (5 cm/2 in) de jengibre, sin piel y finamente rallado
- 6 cucharadas de hojas y tallos de cilantro, toscamente picados
- 2 tallos de lemongrass, finamente picados
- ½ taza (125 ml) de agua
- 1 cucharada copeteada de azúcar de palma o azúcar morena
- 1 cucharadita de sal

SOPA

- 4 tazas (1 litros) de caldo de verduras (vea página 96)
- 6 hojas de lima kaffir
- 2 cucharadas de salsa tai de pescado o salsa de soya ligera
- 1 cucharadita de azúcar de palma o azúcar morena
- 3 cucharadas de jugo de limón verde recién exprimido
- 250 gramos (½ lb) de champiñones ostra, toscamente picados
- 2 chiles rojos o verdes largos, sin semillas y toscamente rebanados
- 2 tazas (100 g) de germinado de soya
- 1 cucharada de hojas de cilantro fresco, para adornar

1. **Para preparar la pasta de especias,** caliente el aceite en una sartén pequeña sobre fuego medio y saltee los chalotes durante 4 ó 5 minutos, hasta que estén dorados. Retire de la sartén y coloque en una licuadora.
2. **Saltee** los chiles y el ajo en la misma sartén durante 2 ó 3 minutos, hasta que se empiecen a dorar. Retire y añada a los chalotes en la licuadora. Reserve la olla con el aceite para utilizar posteriormente.
3. **Añada** el jengibre, cilantro, lemongrass y agua a la licuadora y accione hasta obtener un puré terso.
4. **Recaliente** el aceite en la sartén e integre la pasta, azúcar y sal. Mezcle a fuego lento durante 3 ó 4 minutos, hasta que la pasta se dore ligeramente. Reserve.
5. **Para preparar la sopa,** caliente el caldo en una olla mediana para sopa e integre la pasta de especias. Añada las hojas de lima kaffir, salsa de pescado, azúcar, jugo de limón, champiñones y chiles. Tape y lleve a ebullición. Hierva a fuego lento alrededor de 10 minutos, hasta que los champiñones estén suaves pero aún firmes.
6. **Sirva caliente,** adornando con el germinado de soya y el cilantro.

sopa de coco, calabaza y camarones

Ésta es una sopa ideal para servir a medio día. Acompañe con arroz jazmín o tallarines de arroz para obtener un guiso ligero.

Rinde 4 porciones
15 minutos
20-25 minutos
1

- 2 tazas (500 ml) de caldo de verduras (vea página 96)
- 3 cucharadas de salsa harissa (vea página 30) o pasta de curry rojo tai comprada en el supermercado
- 1⅔ taza (400 ml) de leche de coco
- 2 tallos de lemongrass, machacados
- 1 calabaza bellota (acorn), sin piel y finamente picada
- 350 gramos (12 oz) de camarones (o langostinos) grandes, sin piel y desvenados
- Jugo recién exprimido de 1 limón verde
- 2 cebollitas de cambray, finamente rebanadas
- 1 chile rojo, sin semillas y finamente rebanado
- 2 cucharadas de albahaca fresca, troceada

1. **Caliente** el caldo en un wok o en una olla grande y añada la salsa harissa. Mezcle durante 2 ó 3 minutos, hasta que se haya disuelto.
2. **Integre** la leche de coco y añada el lemongrass. Lleve a ebullición durante 2 ó 3 minutos, mezclando cuidadosamente. Agregue la calabaza y hierva a fuego lento de 10 a 12 minutos, hasta que esté suave.
3. **Añada** los camarones y hierva a fuego lento durante 5 minutos. Retire el lemongrass e integre el jugo de limón.
4. **Sirva caliente,** adornando con cebollitas de cambray, chile y albahaca.

Si a usted le gustó esta receta, también le gustarán:

sopa tailandesa de calabaza

88

sopa agri-picante estilo tai

90

sopa tom yum

104

sopa tikka

Prepare este platillo utilizando la pasta tikka de la página 28. La palabra "tikka" proviene de las lenguas persa, urdu y punjabi y quiere decir "trozos".

De 4 a 6 porciones
30 minutos
2-3 horas
40-45 minutos

2

POLLO

5	cucharadas de yogurt simple
1	cucharadita de sal
2	cucharaditas de marinada tikka (vea página 28)
2	medias pechugas de pollo, sin hueso ni piel

SOPA

2	cucharadas de mantequilla
2	cucharadas de aceite de cacahuate
3	cebollas pequeñas, picadas
1	chile rojo mediano, sin semillas y rebanado
1	chile verde grande, sin semillas y finamente picado
1	trozo (5 cm/ 2 in) de jengibre fresco, finamente rallado
2	dientes de ajo, picados
4	hojas de curry (opcional)
1	cucharadita de cúrcuma molida
1	cucharadita de páprika
1	cucharadita de semillas de cilantro molidas
1	cucharadita de comino molido
½	cucharadita de pimienta negra recién molida
2⅔	tazas (650 ml) de caldo de pollo (vea página 104)
½	taza (100 g) de lentejas rojas o verdes de lata, escurridas
¾	taza (180 ml) de leche de coco
1	cucharadita de sal
3	cucharadas de yogurt simple
½	taza (25 g) de hojas frescas de cilantro, para adornar

1. **Para marinar el pollo,** mezcle en un tazón el yogurt, la sal y la pasta de tikka. Unte el pollo con la mezcla y marine durante 2 ó 3 horas en el refrigerador.
2. **Para preparar la sopa,** caliente la mantequilla y el aceite en una olla grande para sopa sobre fuego lento. Añada las cebollas y cocine a fuego lento de 15 a 20 minutos, hasta dorar ligeramente.
3. **Integre** los chiles, jengibre, ajo y hojas de curry, si las utiliza. Tape la olla y cocine durante 4 minutos. Añada la cúrcuma, páprika, semillas de cilantro, comino y pimienta negra. Cocine a fuego lento durante 2 minutos.
4. **Agregue** 1⅔ taza (400 ml) del caldo, las lentejas, leche de coco y sal. Mezcle hasta integrar por completo, aumente el fuego y lleve a ebullición. Hierva a fuego lento durante 3 ó 4 minutos.
5. **Retire** del fuego y mezcle con ayuda de una licuadora manual o de inmersión hasta que esté casi terso.
6. **Para cocinar el pollo,** caliente una sartén para asar o una plancha hasta que esté muy caliente. Coloque el pollo en la sartén, reservando la marinada. Ase alrededor de 5 minutos de cada lado barnizando con la marinada, hasta que esté totalmente cocido. Reserve. Reserve la marinada restante para la sopa.
7. **Regrese** la sopa a la olla e integre la marinada. Añada el caldo restante si fuera necesario para diluir la sopa, debe quedar bastante espesa. Recaliente hasta que suelte el hervor. Añada 2 cucharadas de yogurt. Caliente a fuego lento durante 1 ó 2 minutos, mezclando constantemente. No deje que la mezcla hierva.
8. **Sazone** la sopa y coloque el pollo en la superficie. Adorne con el cilantro y rocíe con el yogurt restante. Sirva caliente.

sopa de lenteja roja con cebolla crujiente

Esta receta para caldo de verduras rinde el doble de lo que necesitará para preparar la sopa. Se mantendrá fresco en el refrigerador durante 4 ó 5 días y se puede congelar.

- De 4 a 6 porciones
- 1 hora 20 minutos
- 20 minutos
- 40-45 minutos
- 2

CALDO DE VERDURAS

- 2 cucharadas de aceite de oliva extra virgen
- 2 cebollas blancas medianas
- 2 zanahorias medianas, partidas en mitades
- 2 tallos de apio, con hojas
- 2 jitomates pequeños
- 1 manojo pequeño de perejil fresco
- 8 granos de pimienta
- 2 hojas de laurel
- 1 cucharadita de sal de mar
- 10 tazas (2.5 litros) de agua fría

SOPA

- 3 cucharadas de aceite de oliva extra virgen
- 2 cebollas moradas, finamente picadas
- 2 dientes de ajo, triturados
- 1 cucharadita de semillas de comino
- ½ cucharadita de cilantro molido
- 1⅔ taza (150 g) de lentejas rojas secas
- 6 tazas (1.5 litros) de caldo de verduras o de pollo (vea páginas 96 y 104)
- 1½ cucharadita de páprika picante
- Ralladura fina de 1 limón amarillo orgánico
- Sal y pimienta negra recién molida
- Salsa picante tipo Tabasco
- 2–3 cucharadas de jugo de limón amarillo recién exprimido

CEBOLLA CRUJIENTE

- 1 cebolla grande, rebanada en aros
- ¾ taza (200 ml) de aceite vegetal

1. **Para preparar el caldo de verduras,** caliente el aceite en una olla grande sobre fuego medio. Añada las cebollas, zanahorias, apio, jitomates, perejil, granos de pimienta, hojas de laurel y sal. Saltee alrededor de 5 minutos, hasta que las verduras estén suaves.
2. **Integre** el agua, tape la olla parcialmente y lleve a ebullición. Hierva a fuego lento durante una hora. Cuele el caldo a través de un colador de malla fina, deseche las verduras.
3. **Para preparar la sopa,** caliente el aceite en una olla grande para sopa sobre fuego medio. Añada la cebolla y el ajo y saltee durante 3 ó 4 minutos, hasta que estén suaves. Integre el comino y el cilantro y saltee alrededor de un minuto, hasta que aromatice.
4. **Agregue** las lentejas y 6 tazas (1.5 litro) de caldo y lleve a ebullición. Hierva a fuego lento de 30 a 40 minutos, hasta que las lentejas estén suaves. Añada la páprika.
5. **Para preparar la cebolla crujiente,** coloque los aros de cebolla entre toallas de papel durante 20 minutos. Esto absorberá un poco de la humedad.
6. **Vierta** el aceite en una sartén mediana. Caliente sobre fuego medio-alto. Añada la cebolla y fría de 8 a 10 minutos, hasta que adquiera un color café dorado oscuro.
7. **Retire** las cebollas con una cuchara ranurada y escurra sobre toallas de papel. Al enfriar se pondrán muy crujientes. Reserve.
8. **Sazone** la sopa con sal y pimienta. Añada un poco de salsa Tabasco si desea que esté más picante. Integre el jugo y ralladura de limón amarillo.
9. **Cuando esté lista para servir,** divida la sopa entre cuatro a seis tazones precalentados y adorne con la cebolla crujiente sobre cada porción.

sopa de chile verde y cebada

La cebada perla es una buena fuente de fibra dietética y selenio. Se cree que su consumo regular ayuda a disminuir los niveles de colesterol. Pruébela en ensaladas en lugar de pasta o arroz, o en esta deliciosa sopa picante.

Rinde 4 porciones

50 minutos

25 minutos

2

MANTEQUILLA SAZONADA

- 1/3 taza (90 g) de mantequilla, suavizada
- Sal y pimienta negra recién molida
- 1/2 cucharadita de páprika dulce ahumada
- 1 diente de ajo pequeño, molido
- 1/2 cucharadita de hojuelas de chile rojo
- 1 cucharada de menta fresca, finamente picada
- 1 cebollita de cambray grande, únicamente la parte blanca, picada
- Ralladura fina de 1/2 limón amarillo orgánico
- 1 cucharadita de jugo de limón verde recién exprimido

SOPA

- 2 cucharadas de mantequilla
- 2 cebollas blancas, finamente picadas
- 6–8 cebollitas de cambray grandes, en rebanadas delgadas
- 2–3 chiles rojos (jalapeños), sin semillas y picados
- 1 cucharada de harina simple
- 100 gramos (3 oz) de cebada perla
- 5 tazas (1.2 litro) de caldo de verduras o de pollo (vea páginas 96 y 104)
- 1 raja de canela
- 1/2 cucharadita de macis molido
- 200 gramos (7 oz) de yogurt griego
- 2 cucharadas de jugo de limón amarillo recién exprimido

1. **Para preparar la mantequilla sazonada,** bata la mantequilla con sal, pimienta, páprika y ajo hasta que adquiera una consistencia ligera y esponjosa. Integre batiendo las hojuelas de chile rojo, menta, cebollita de cambray, ralladura y jugo de limón amarillo y reserve.
2. **Para preparar la sopa,** derrita la mantequilla en una olla grande para sopa sobre fuego lento. Añada las cebollas, cebollitas de cambray y chiles. Tape y deje sudar de 10 a 15 minutos, mezclando ocasionalmente, hasta que estén suaves.
3. **Integre** la harina y la cebada y cocine durante un minuto, mezclando constantemente. Integre el caldo y añada la canela y el macis. Tape parcialmente la olla y hierva a fuego lento alrededor de 30 minutos, hasta que la cebada esté suave. Retire del fuego y deseche la raja de canela.
4. **Bata** el yogurt y el jugo de limón en otro tazón e integre un cucharón completo de la sopa. Integre esta mezcla con la sopa.
5. **Regrese** la olla a fuego lento y recaliente lentamente durante 2 ó 3 minutos, mezclando. No permita que la sopa hierva. Sazone con sal.
6. **Justo antes de servir,** derrita la mantequilla sazonada en una olla pequeña y caliente a fuego lento hasta dorar.
7. **Usando** un cucharón sirva la sopa en cuatro tazones precalentados y rocíe con la mantequilla. Sirva caliente.

sopa picante de frijol negro

Esta sopa picante es originaria de México, de donde se cree que son nativos los frijoles negros. El consumo regular de frijoles reduce el colesterol y ayuda a normalizar los niveles de azúcar en la sangre.

- Rinde 4 porciones
- 25 minutos
- 12 horas
- 90 minutos
- 1

- 500 gramos (1 lb) de frijoles negros secos
- 2 cucharadas de aceite de oliva extra virgen
- 4 rebanadas de tocino, toscamente picado
- 1 cebolla mediana, picada en cubos
- 3 dientes de ajo, finamente picados
- 1 cucharada de chile en polvo
- 1 cucharadita de comino molido
- ½ cucharadita de orégano seco
- ½ cucharadita de pimienta negra triturada
- 2 tallos de apio, picados
- 1 zanahoria grande, partida en cubos
- 2 pimientos (capsicums) rojos, sin semillas y picados en cubos
- 2 chiles jalapeños, sin semillas y picados en cubos
- 1 hoja de laurel
- 5 tazas (1.5 litro) de caldo de verduras o de pollo (vea páginas 96 y 104)
- Sal

1. **Coloque** los frijoles negros en un tazón mediano, cubra con agua fría y remoje durante toda la noche.
2. **Escurra** los frijoles y pase a una olla mediana. Cubra con agua, lleve a ebullición y hierva a fuego lento durante 20 minutos. Escurra y reserve.
3. **Caliente** el aceite en una olla para sopa mediana o grande sobre fuego medio-alto. Añada el tocino, cebolla, ajo y saltee durante 3 ó 4 minutos, hasta que estén suaves. Agregue el chile en polvo, comino, orégano y pimienta molida y cocine a fuego lento alrededor de 2 minutos, hasta que aromatice.
4. **Añada** el apio, zanahoria, pimientos, chiles jalapeños, hoja de laurel y caldo. Lleve a ebullición y agregue los frijoles. Hierva a fuego lento alrededor de una hora, hasta que los frijoles estén suaves. Sazone con sal. Sirva caliente.

Si a usted le gustó esta receta, también le gustarán:

sopa de lenteja roja con cebolla crujiente 96

dahl picante 264

chili de frijol caupí 268

sopa picante de pescado

Bajo en grasas y rico en proteína y otros importantes nutrientes, como la vitamina B1, B6 y D, el consumo regular de pescado reduce el riesgo de las enfermedades del corazón.

Rinde 6 porciones
25 minutos
35-40 minutos

2

- 2 cucharadas de aceite de oliva extra virgen
- 3 cucharadas de chile rojo en pasta o salsa harissa (vea página 30)
- 1 cebolla grande, finamente picada
- 2 dientes de ajo, finamente picados
- 6 jitomates grandes, sin piel y picados
- 2 tazas (500 g) de passata de frasco (jitomates machacados y colados)
- 4 tazas (800 g) de jitomates de lata, con su jugo
- 1 cucharadita de azúcar
- ½ taza (125 ml) de vino blanco seco
- 1 cucharadita de orégano seco
- ½ cucharadita de tomillo seco
- ½ cucharadita de hojuelas de chile rojo
- 2 cucharadas de perejil fresco, finamente picado, + el necesario para adornar
- Sal y pimienta negra recién molida
- 750 gramos (1½ lb) de filetes de pescado blanco, firme como el huachinango, bacalao, halibut, pescadilla o rape, cortados en piezas de 4 cm (1½ in)

1. **Caliente** el aceite en una olla grande para sopa sobre fuego medio-bajo. Integre una cucharada de pasta de chile y cocine durante algunos segundos. Añada la cebolla y el ajo y saltee durante 3 ó 4 minutos, hasta que estén suaves.
2. **Añada** los jitomates picados y cocine durante 2 minutos. Integre la passata, jitomates de lata, azúcar, vino, orégano y tomillo secos, hojuelas de chile rojo y perejil. Sazone con sal y pimienta. Hierva a fuego lento alrededor de 20 minutos, hasta que se reduzca.
3. **Añada** el pescado, mezclando cuidadosamente para evitar que se rompa. Hierva a fuego lento de 5 a 7 minutos, hasta que el pescado esté cocido.
4. **Usando** un cucharón coloque la sopa en tazones precalentados. Adorne con las 2 cucharadas restantes de pasta de chile y perejil. Sirva caliente.

Si a usted le gustó esta receta, también le gustarán:

sopa tom yum

104

laksa de mariscos

106

pescado con coco al curry

142

sopa tom yum

La sopa tom yum es una sopa tailandesa muy popular que se elabora a base de caldo de pollo hecho en casa, camarones y una mezcla de especias. Hemos incluido una receta para preparar caldo de pollo. Esta receta rinde aproximadamente 3 litros (3 qt); congele el sobrante para utilizar en otras recetas.

Rinde 4 porciones
30 minutos
3 horas 30 minutos

2

CALDO DE POLLO
- 1 pollo (1.5 kg/3 lb)
- 5 litros (5 qt) de agua
- 2 cebollas, partidas en cuartos
- 2 zanahorias, partidas en mitades
- 1 tallo de apio
- 1 manojo pequeño de perejil fresco
- 2 hojas de laurel
- Sal y pimienta negra recién molida

SOPA
- 3 jitomates, toscamente picados
- 2 tallos de lemongrass, machacados
- 3 raíces de cilantro, machacadas
- 1 trozo (4 cm/1 ½ in) de galangal o jengibre, rebanado
- 2 chiles rojos, sin semillas y finamente rebanados
- 4 hojas de lima kaffir
- ½ cucharada de pasta de tamarindo
- 2 cucharadas de salsa tai de pescado
- Jugo recién exprimido de 2 limones verdes
- 2 cucharadas de azúcar de palma rallada o azúcar morena
- 125 gramos (4 oz) de setas paja (amanita), enjuagadas y partidas en mitades
- 2 pechugas de pollo deshuesadas y sin piel, partidas en rebanadas delgadas
- 12 camarones (langostinos), desvenados y sin piel, con colas
- 1 cucharada de hojas de cilantro fresco

1. **Para preparar el caldo de pollo,** coloque el pollo en una olla grande para caldo. Vierta el agua y lleve a ebullición sobre fuego medio. Retire la espuma que se forme en la superficie. Añada las cebollas, zanahorias, apio, perejil, hojas de laurel, sal y pimienta y vuelva a hervir a fuego lento. Reduzca el fuego manteniendo el hervor durante 3 horas y agregando agua hirviendo conforme sea necesario para mantener cubierto el pollo.
2. **Apague** el fuego y retire el pollo y las verduras. Deje que el caldo se enfríe y cuele a través de un colador metálico de malla fina. Refrigere hasta que la grasa de la superficie esté sólida. Deseche la grasa.
3. **Para preparar la sopa,** coloque 6 tazas (1.5 litro) del caldo en una olla para sopa sobre fuego medio-alto y lleve a ebullición. Añada el jitomate, lemongrass, raíz de cilantro, galangal, chile, hojas de lima kaffir y tamarindo. Reduzca a fuego lento y cocine durante 20 minutos. Añada la salsa de pescado, jugo de limón, azúcar de palma y setas paja y hierva a fuego lento durante 5 minutos.
4. **Añada** el pollo y los camarones y hierva a fuego lento durante 4 ó 5 minutos, hasta que los camarones adquieran un tono rosado y el pollo esté totalmente cocido.
5. **Retire** la raíz de cilantro y el lemongrass. Adorne con las hojas de cilantro y sirva caliente.

laksa de mariscos

La sopa laksa proviene de Singapur y Malasia y de una mezcla de influencias chinas y malayas. Existen muchos tipos de sopas laksa y la mayoría de ellas son picantes y espesas por su contenido de tallarines y leche de coco. La pasta de laksa se puede encontrar en tiendas o supermercados especializados en alimentos asiáticos.

Rinde 6 porciones
20 minutos
10 minutos
10 minutos
2

- **250** gramos (8 oz) de tallarines hokkein
- **250** gramos (8 oz) de vermicelli de arroz
- **1** cucharada de aceite de cacahuate
- **¼** taza (60 g) de pasta laksa
- **3** tazas (750 ml) de leche de coco
- **2** tazas (500 ml) de caldo de pescado
- **1** tallo de lemongrass, machacado
- **3** hojas de lima kaffir, finamente rebanadas
- **500** g (1 lb) de camarones (langostinos), desvenados y sin piel, con colas
- **500** gramos (1 lb) de filetes de pescado blanco firme como el huachinango, bacalao, halibut, pescadilla o rape, cortados en piezas de 2.5 cm (1 in)
- **250** gramos (8 oz) de callos de hacha
- **8** mejillones negros, limpios
- **2** tazas (100 g) de germinado de frijol de soya mung
- **½** taza (25 g) de hojas de cilantro fresco
- **½** taza (25 g) de hojas de menta vietnamita u ordinaria
- **4** cucharaditas de sambal oelek (pasta de chile), para adornar

1. **Mezcle** ambos tipos de tallarines en un tazón mediano, cubra con agua hirviendo y reserve durante 10 minutos para suavizar.
2. **Caliente el aceite** en una olla para sopa grande sobre fuego medio-alto. Añada la pasta laksa y mezcle durante 1 ó 2 minutos, hasta que aromatice. Añada la leche de coco, caldo de pescado, lemongrass y hojas de lima kaffir y lleve a ebullición. Añada los camarones, pescado, callos de hacha y mejillones, tape y hierva a fuego lento de 3 a 5 minutos, hasta que los mariscos estén cocidos. Deseche los mejillones que no se hayan abierto.
3. **Mientras tanto,** divida los tallarines entre cuatro tazones grandes para sopa y cubra con un poco de germinado de frijol de soya, cilantro y menta. Usando un cucharón, cubra con el caldo laksa y distribuya los mariscos equitativamente.
4. **Adorne** cada tazón con una cucharadita de pasta de chile y sirva caliente.

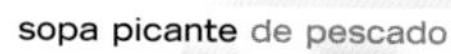

Si a usted le gustó esta receta, también le gustarán:

sopa picante de pescado

sopa tom yum

pescado con coco al curry

sopa picante de carne de res

Esta receta es originaria de México, el hogar de los chiles, en donde los platillos picantes están a la orden del día. Hierva a fuego lento lo más que pueda para que la carne de res esté suave. Añada agua si el líquido se evapora demasiado.

- De 4 a 6 porciones
- 15 minutos
- 1-2 horas
- 1

- 3 cucharadas de aceite de oliva extra virgen
- 1 cebolla mediana, rebanada
- 3 dientes de ajo, finamente picados
- 2 chiles rojos pequeños, sin semillas y finamente picados
- 1 cucharada de páprika dulce
- 2 cucharaditas de comino molido
- 1 cucharadita de pimienta negra recién molida
- 1 cucharadita de chile en polvo
- 2 hojas de laurel
- 2 tallos de apio, finamente picados
- 1 zanahoria, finamente picada
- 2 pimientos (capsicums) rojos, sin semillas y finamente rebanados
- 5 jitomates medianos, picados en cubos
- 2 tazas (400 g) de granos de elote de lata (maíz tierno), escurridos
- 8 tazas (2 litros) de agua
- 500 gramos (1 lb) de cachete o pecho de res
- 3 cucharadas de orégano fresco, finamente picado
- Sal

1. **Caliente** el aceite en una olla grande para sopa sobre fuego medio. Añada la cebolla, ajo y chiles; saltee durante 3 ó 4 minutos, hasta que estén suaves. Agregue la páprika, comino, pimienta, chile en polvo y hojas de laurel y saltee durante 1 ó 2 minutos, hasta que aromatice.
2. **Agregue** el apio, zanahoria, pimientos, jitomates y granos de elote y mezcle hasta cubrir por completo. Vierta el agua y lleve a ebullición. Añada la carne de res y el orégano y hierva a fuego lento durante 1 ó 2 horas, hasta que la carne esté muy suave.
3. **Retire** la carne de la olla y reserve para que se enfríe ligeramente. Deshebre la carne con sus manos y regrese a la olla. Sazone con sal, vuelva a llevar a ebullición lenta y sirva caliente.

Si a usted le gustó esta receta, también le gustarán:

sopa picante de frijol negro

100

guisado de carne de res condimentada

198

carne de res madrás

202

ensalada coreana de espinaca

Este kimchi coreano (platillo sazonado de verduras) es una de las guarniciones o ensaladas preferidas. Si no puede encontrar chile en polvo coreano en la tienda especializada en alimentos asiáticos de su localidad, puede reemplazarlo por dos cucharadas de pimienta de cayena y otras dos de chile dulce en polvo.

Rinde 4 porciones

10 minutos

15-20 minutos

2

- **4 tazas (200 g) de hojas de espinaca pequeña**
- **¼ de wom bok (col china), troceada**
- **1 poro, finamente rebanado**
- **2 cucharadas de semillas de ajonjolí**
- **2 cucharadas de arroz de grano corto**
- **¼ taza (60 ml) de agua**
- **½ cebolla blanca, finamente picada**
- **4 cucharadas de chile coreano en polvo**
- **2 dientes de ajo, machacados**
- **2 cucharadas de pasta de anchoa**
- **1 cucharada de jengibre fresco, finamente rallado**

1. **Mezcle** la espinaca, col, poro y semillas de ajonjolí en una ensaladera y reserve.
2. **Coloque** el arroz y el agua en una olla pequeña sobre fuego medio y lleve a ebullición. Hierva a fuego lento de 15 a 20 minutos, mezclando ocasionalmente, hasta que el arroz esté suave y cremoso.
3. **Añada** la cebolla, chile en polvo, ajo, pasta de anchoa y jengibre y mezcle hasta integrar. Rocíe sobre la ensalada y mezcle para cubrir. Sirva.

Si a usted le gustó esta receta, también le gustarán:

ensalada de papaya verde

ensalada de arroz tricolor

ensalada de papaya verde

Esta ligera y refrescante ensalada puede servirse por sí sola como entrada o acompañada de platillos de carne o pescado asado.

Rinde 4 porciones
10 minutos
1 minuto
1

- 1 manojo de ejotes largos, cortados en trozos de 2.5 cm (1 in) de largo
- 2 papayas (pawpaw) verdes grandes, sin piel ni semillas
- 24 jitomates cereza, partidos en mitades
- 2 chiles rojos secos, desmoronados
- 2 dientes de ajo, toscamente picados
- 1½ cucharada de camarones secos
- 3 cucharadas de salsa tai de pescado
- 2 cucharadas de jugo de limón recién exprimido
- 2 cucharadas de azúcar de palma o azúcar morena
- ½ taza (80 g) de cacahuates asados, toscamente picados

1. **Hierva** agua en una olla grande sobre fuego alto. Blanquee los ejotes durante un minuto y refresque en agua con hielo. Escurra y pase a un tazón grande.
2. **Corte** las papayas en trozos del largo de un cerillo. Integre la papaya, jitomates cereza y la mitad de los cacahuates con los ejotes.
3. **Machaque** los chiles, ajo y camarones secos en un mortero o molcajete. Agregue la salsa de pescado, jugo de limón y azúcar de palma y machaque hasta integrar por completo. Vierta esta mezcla sobre la papaya y mezcle para integrar.
4. **Adorne** con los cacahuates restantes y sirva.

Si a usted le gustó esta receta, también le gustarán:

ensalada coreana de espinaca 110

ensalada de piña, jengibre y chile 114

chili de ejotes largos 228

ensalada de piña, jengibre y chile

Ésta es otra ensalada fresca y ligera para iniciar una comida o para acompañar platillos de mariscos o carnes. Contiene un alto contenido de vitaminas y minerales.

Rinde 4 porciones
10 minutos
30 minutos

1 piña, sin cáscara y descorazonada
2 pepinos, sin piel ni semillas
¼ taza (25 g) de perejil fresco, finamente picado
4 chiles verdes, sin semillas y finamente picados
3 cucharadas de jengibre fresco, finamente picado
2 dientes de ajo, finamente picados
4 cucharadas de jugo de limón verde recién exprimido

1

1. **Corte** la piña y los pepinos en cubos de 2 cm (¾ in) y coloque en un tazón mediano. Añada el perejil, chiles, jengibre, ajo y jugo de limón y mezcle hasta integrar.
2. **Tape** con plástico adherente y reserve durante 30 minutos para marinar antes de servir.

Si a usted le gustó esta receta, también le gustarán:

ensalada coreana de espinaca 110

ensalada de pollo, toronja y cilantro 120

ensalada de arroz tricolor

Esta ensalada es suficientemente sustanciosa para servirse por sí sola como único plato.

- De 4 a 6 porciones
- 20-25 minutos
- 30 minutos
- 2

ENSALADA

- ½ taza (100 g) de arroz jazmín
- ½ taza (100 g) de arroz silvestre
- ½ taza (100 g) de arroz rojo de la Camarga
- 1 pizca de sal
- ⅔ taza (100 g) de chícharos congelados
- ⅔ taza (100 g) de habas verdes pequeñas congeladas
- ⅔ taza (100 g) de elotes miniatura (elotes dulces) congelados
- 2 chiles rojos largos, sin semillas y finamente rebanados
- 1 cebollita de cambray, finamente rebanada
- 1 taza (50 g) de arúgula o hierba de canónigo, separadas
- 2 jitomates saladet rojos o amarillos, toscamente picados
- 1 cucharada de semillas de ajonjolí, tostadas
- 1 cucharada de semillas de girasol, tostadas
- 1 cucharada de pepitas de calabaza, tostadas
- 2 limones verdes, rebanados

ADEREZO

- 1 chile rojo pequeño, picado
- 1 chile verde pequeño, picado
- 1 cucharada de azúcar de palma o azúcar morena
- 1 diente de ajo pequeño, machacado
- 2 cm (¾ in) de jengibre, rallado
- ¼ taza (50 ml) de jugo de limón verde recién exprimido
- 3 cucharadas de aceite de ajonjolí
- 3 cucharadas de salsa tai de pescado

1. **Para preparar la ensalada,** cocine cada tipo de arroz por separado, siguiendo las instrucciones de los empaques. Escurra el arroz y enjuague bajo el chorro de agua fría para enfriar. Deje secar sobre toallas limpias de cocina y mezcle en una ensaladera grande.
2. **Mezcle** los chícharos, habas y elotes en una olla con agua hirviendo. Lleve a ebullición sobre fuego alto y en cuanto suelte el hervor, escurra de inmediato a través de un colador. Refresque con agua fría y sacuda para secar. Integre a la ensaladera con los chiles y las cebollitas de cambray.
3. **Para preparar el aderezo,** triture los chiles con el azúcar con ayuda de un mortero y su mano. Añada el ajo y el jengibre. Pase a un tazón pequeño e integre el jugo de limón, aceite de ajonjolí y salsa de pescado. Vierta el aderezo sobre la mezcla de arroz y revuelva hasta cubrir por completo.
4. **Mezcle** la arúgula, jitomates, semillas de ajonjolí, semillas de girasol y pepitas de calabaza en otro tazón. Usando una cuchara coloque sobre la ensalada de arroz. Acomode las rebanadas de limón sobre la superficie y sirva.

ensalada de fruta y quínoa

La quínoa proviene de la región de los Andes, en Sudamérica, en donde ha sido cultivada durante miles de años. Es una excelente fuente de proteína, fibra dietética y fósforo.

- De 4 a 6 porciones
- 15 minutos
- 15 minutos
- 1

- 2 tazas (400 g) de quínoa, enjuagada
- 1 ½ taza (375 ml) de agua
- 1 ½ taza (270 g) de chabacanos secos, rebanados
- ⅓ taza (50 g) de almendras, toscamente picadas
- ⅓ taza (50 g) de pistaches
- ½ taza (45 g) de uvas pasas
- 1 chile rojo largo, sin semillas y finamente picado
- 2 cucharadas de menta fresca, finamente picada
- 2 cucharadas de cilantro fresco, finamente picado
- Jugo y ralladura fina de 1 limón amarillo orgánico
- 2 cucharadas de aceite de oliva extra virgen
- 1 cucharadita de ralladura fina de naranja orgánica
- ½ cucharadita de canela molida
- Sal y pimienta negra recién molida

1. **Mezcle** el agua y la quínoa en una olla mediana y lleve a ebullición. Cuando suelte el hervor reduzca el fuego, tape y cocine durante 15 minutos, hasta que toda el agua se haya absorbido. Esponje los granos con ayuda de un tenedor y pase a un tazón mediano.
2. **Añada** los chabacanos, almendras, pistaches, uvas pasas, chile, menta, cilantro, ralladura y jugo de limón, aceite, ralladura de naranja y canela. Mezcle hasta integrar por completo. Sazone con sal y pimienta y sirva.

Si a usted le gustó esta receta, también le gustarán:

ensalada de papaya verde

ensalada de arroz tricolor

ensalada tai de carne de res

ensalada
de pollo, toronja y cilantro

Éste es un delicioso platillo para servir como almuerzo o como una botana en verano.

De 4 a 6 porciones

20-25 minutos

1-2 horas

2 minutos

2

MARINADA

- 3 cucharadas de salsa de soya ligera (light)
- 1 cucharada de miel de abeja
- 1 chile rojo pequeño, finamente rebanado
- 1 cucharada de jengibre fresco, finamente rallado
- 1 diente de ajo, finamente rallado
- 2 pechugas de pollo deshuesadas y sin piel, cortadas en tiras de 1.5 cm (2/3 in)

ADEREZO

- 1 toronja
- Jugo recién exprimido de 1 limón verde
- Jugo recién exprimido de 1 mandarina
- 1 cucharada de aceite de ajonjolí
- 1 cucharada de salsa tai de pescado
- 1 diente de ajo, machacado
- 1 cm (1/2 in) de jengibre fresco, finamente rallado

ENSALADA

- 1 cucharada de aceite de girasol
- 1 taza (50 g) de arúgula fresca o hierba de canónigo
- 1 cebolla morada pequeña, rebanada en aros delgados
- 1 puño de hojas de cilantro fresco, troceadas
- 1 puño de hojas de menta fresca, troceadas
- 2 cucharadas de piñones, ligeramente tostados

1. **Para preparar la marinada,** bata la salsa de soya con la miel, chile, jengibre y ajo en un tazón grande. Añada el pollo, tape y marine durante 1 ó 2 horas en el refrigerador.
2. **Para preparar el aderezo,** justo antes de que esté listo para servir, retire la piel de la toronja con ayuda de un cuchillo filoso, retire la corteza blanca y aproximadamente 1 cm (1/2 in) de la pulpa. Exprima el jugo de la pulpa retirada en un tazón pequeño. Corte la toronja en rodajas y reserve para la ensalada.
3. **Añada** al jugo de la toronja los jugos de limón y mandarina, el aceite de ajonjolí, la salsa de pescado, el ajo y el jengibre, y bata con ayuda de un batidor globo hasta integrar por completo.
4. **Retire** el pollo de la marinada. Caliente el aceite de girasol en una sartén grande o wok y saltee el pollo de 3 a 5 minutos, hasta que esté ligeramente dorado.
5. **Divida** la arúgula entre cuatro o seis platos para ensalada. Coloque el pollo sobre la superficie con la cebolla, cilantro, toronja y menta. Espolvoree con piñones y rocíe con el aderezo. Sirva de inmediato.

ensalada de pollo cajún

La palabra Cajún se refiere a los descendientes de los residentes de habla francesa de Acadia, Nuevo Brunswick y Nueva Escocia (ahora parte de Canadá), quienes se mudaron a Luisiana después de ser desalojados por los ingleses en 1755. Ellos han mantenido su propia cultura y cocina hasta nuestros días.

Rinde 4 porciones

30 minutos

1 hora

10 minutos

1

MEZCLA DE ESPECIAS

- **¼ taza (60 ml) de aceite vegetal**
- **2 cucharadas de páprika picante**
- **2 cucharaditas de sal**
- **2 cucharaditas de sazonador de pimienta con limón**
- **1 ½ cucharadita de cebolla en polvo**
- **1 ½ cucharadita de pimienta de cayena**
- **1 ½ cucharadita de hojas de mejorana**
- **1 cucharadita de comino molido**
- **1 cucharadita de cilantro molido**
- **1 cucharadita de ajo en polvo**
- **1 cucharadita de orégano molido**

ENSALADA

- **2 pechugas de pollo, deshuesadas y sin piel**
- **3 cucharadas de aceite de oliva extra virgen**
- **2 cucharadas de jugo de limón amarillo recién exprimido**
- **½ cucharadita de mostaza Dijon**
- **Sal y pimienta negra recién molida**
- **3 tazas (150 g) de hojas verdes mixtas para ensalada**
- **1 taza (50 g) de vainas de chícharos chinos**
- **20 jitomates cereza, partidos en mitades**
- **1 aguacate, partido en mitades, sin hueso ni piel y rebanado**
- **1 cebolla roja pequeña, en rebanadas**
- **½ taza (80 g) de almendras, tostadas y cortadas en trozos grandes**

1. **Para preparar la mezcla de especias,** mezcle el aceite, especias y hierbas en un tazón mediano.
2. **Para preparar la ensalada,** utilice un cuchillo pequeño con filo para partir por el centro la pechuga de pollo en la parte más carnosa, creando así una superficie de grosor uniforme para cocinar. Bañe las pechugas de pollo con la mezcla de especias, cubra con plástico adherente y deje marinar en el refrigerador durante 1 hora.
3. **Precaliente** una sartén o parrilla a fuego medio-alto. Ase el pollo de 3 a 4 minutos por cada lado, hasta que esté dorado y completamente cocinado. Reserve durante 5 minutos para reposar.
4. **Bata** el aceite, el jugo de limón y la mostaza en un tazón pequeño. Sazone con sal y pimienta.
5. **Mezcle** las hortalizas para ensalada con las vainas de chícharos chinos, jitomates cereza, aguacate, cebolla y almendras en un tazón pequeño.
6. **Rebane** el pollo en tiras e integre con la mezcla de ensalada. Rocíe con el aderezo, mezcle para cubrir y sirva.

ensalada tai de carne de res

Éste es un excelente platillo si usted sigue un régimen bajo en carbohidratos.

Rinde 4 porciones

20 minutos

2 horas

5-10 minutos

1

- 3 cucharadas de jugo de limón recién exprimido
- 2 cucharadas de salsa tai de pescado
- 1 cucharada de azúcar de palma o azúcar morena
- 2 cucharadas de pasta tai de curry rojo
- 1 diente de ajo, finamente picado
- 2 ucharadas + 2 cucharaditas de aceite de cacahuate
- 500 gramos (1 lb) de lomo, filete o solomillo de res
- 3 tazas (150 g) de endivia rizada
- 1 pepino, partido longitudinalmente en rebanadas delgadas
- 20 jitomates cereza, partidos en mitades
- 2 chiles rojos grandes, sin semillas y finamente rebanados
- $\frac{1}{3}$ taza (15 g) de hojas de menta fresca
- $\frac{1}{3}$ taza (15 g) de hojas de cilantro fresco
- $\frac{1}{3}$ taza (15 g) de hojas de albahaca fresca
- $1\frac{1}{2}$ taza (75 g) de germinado de frijol de soya mung
- $\frac{1}{4}$ taza (40 g) de cacahuates tostados, toscamente picados

1. **Mezcle** el jugo de limón, salsa de pescado, azúcar de palma, pasta de curry, ajo y 2 cucharaditas de aceite de cacahuate en un tazón mediano. Añada la carne y mezcle hasta cubrir por completo. Tape con plástico adherente y marine durante 2 horas en el refrigerador.
2. **Precaliente** una sartén grande y gruesa sobre fuego alto.
3. **Barnice** la sartén con el aceite de cacahuate restante. Retire la carne de la marinada y cocine durante 2 ó 3 minutos por cada lado, hasta que esté completamente dorada pero cruda en el centro. Deje reposar durante 5 minutos.
4. **Mezcle** la endivia, pepino, jitomates, chiles, menta, cilantro y albahaca en un tazón grande. Corte la carne, contra el grano, en rebanadas delgadas e integre con la ensalada. Rocíe con el aderezo y mezcle. Adorne con el germinado de frijol y los cacahuates y sirva.

Si a usted le gustó esta receta, también le gustarán:

ensalada exótica de carne de res

126

carne de res satay

206

ensalada exótica de carne de res

Esta ensalada es muy sustanciosa y picante. Acompáñela con una ensalada de hortalizas verdes para un almuerzo bajo en grasa y alto en proteínas.

De 4 a 6 porciones

25 minutos

2-4 minutos

2

CARNE DE RES

- **400** **gramos (14 oz) de solomillo o filete de res**
- **2** **cucharaditas de aceite de ajonjolí**
- **1** **cucharada de pimienta negra, toscamente molida**
- **1** **cucharada de azúcar de palma o azúcar morena**
- **1** **cucharada de salsa tai de pescado**

ADEREZO

- **Ralladura fina de 1 limón**
- **Jugo recién exprimido de 2 limones verdes**
- **1** **cucharada de aceite vegetal**
- **2** **cucharadas de salsa de pescado tai o salsa de soya**
- **1** **cucharada de azúcar de palma o azúcar morena**
- **1** **chile rojo, finamente rebanado**

ENSALADA

- **3** **tazas (150 g) de germinado de soya, enjuagado**
- **2** **chiles rojos largos, sin semillas y cortados en tiras delgadas**
- **20** **gramos ($^{1}/_{2}$ oz) de jengibre fresco, sin piel y cortado en tiras del tamaño de un cerillo**
- **1** **zanahoria pequeña, cortada en tiras del tamaño de un cerillo**
- **2** **chalotes pequeños, finamente rebanados**
- **$^{1}/_{2}$** **taza (25 g) de hojas de menta fresca**
- **1** **taza (50 g) de arúgula (rocket)**
- **2** **cucharadas de cacahuates tostados, picados**

1. **Para preparar la carne,** corte el solomillo en tiras largas y delgadas, rocíe con el aceite y presione sobre la pimienta.
2. **Mezcle** el azúcar de palma y la salsa de pescado en un tazón.
3. **Caliente** una sartén para asar o una rejilla sobre fuego alto o muy alto. Extienda las tiras de carne sobre la parrilla. Selle durante 1 ó 2 minutos, hasta que comiencen a humear. Voltee y cocine durante un minuto.
4. **Coloque** la carne en el tazón con la mezcla de salsa de pescado y mezcle hasta integrar por completo. Deje enfriar.
5. **Para preparar el aderezo,** bata la ralladura y el jugo de limón con el aceite, salsa de pescado, azúcar y chile en un tazón pequeño.
6. **Para preparar la ensalada,** coloque el germinado de soya, chiles, jengibre, zanahoria, chalotes, menta y arúgula en un tazón. Rocíe con el aderezo y mezcle hasta integrar por completo. Coloque las tiras de carne sobre la superficie y mezcle nuevamente. Adorne con los cacahuates y sirva.

Pescados
y Mariscos

mejillones estilo español

Compre los mejillones ya limpios y listos para cocinar. Si tienen lodo o arena, remójelos durante una o dos horas en agua fría.

De 4 a 6 porciones
15 minutos
10-15 minutos
1

- 2 cucharadas de aceite de oliva extra virgen
- 1 cebolla pequeña, toscamente picada
- 1 chorizo picante, cortado en rodajas delgadas
- 3 chiles rojos largos, sin semillas y finamente picados
- 2 dientes de ajo, finamente picados
- 2 cucharaditas de páprika ahumada
- 1.5 kilogramos (3 lb) de mejillones, en su concha, limpios
- $\frac{3}{4}$ taza (180 ml) de vino blanco seco
- 2 tazas (400 g) de jitomates enlatados, con jugo
- 4 cucharadas de perejil fresco, finamente picado
- Sal y pimienta negra recién molida
- Rebanadas de limón amarillo, para acompañar

1. **Caliente** el aceite en una sartén grande y gruesa sobre fuego medio-bajo. Añada la cebolla, chorizo, chiles, ajo y páprika; saltee alrededor de 5 minutos, hasta que la cebolla esté suave y el chorizo esté ligeramente dorado.
2. **Agregue** los mejillones y mezcle para cubrir. Aumente el fuego a medio-alto y vierta el vino y los jitomates. Lleve a ebullición, tape y hierva a fuego lento de 5 a 10 minutos, hasta que los mejillones se hayan abierto. Deseche aquellos que no se hayan abierto.
3. **Integre** el perejil y sazone con sal y pimienta. Sirva caliente adornando con las rebanadas de limón.

Si le gustó esta receta, también le gustarán:

mejillones asados con cubierta picante

40

callo de hacha al curry

42

paella picante de mariscos

138

cangrejo al chile

Los cangrejos se pueden conseguir vivos, cocidos o congelados. Para esta receta usted necesitará cangrejos vivos. Al comprarlos, asegúrese de que estén vivos y activos, si no se están moviendo no los compre. Si no está familiarizado con los cangrejos enteros, pueden parecer un poco "repulsivos", pero no son difíciles de preparar.

De 4 a 6 porciones
30 minutos
15 minutos
3

- **1.5 kilogramos (3 lb) de cangrejos azules o cafés (de caparazón duro), cepillados para limpiarlos**
- **3 cucharadas de aceite de cacahuate**
- **1 cebolla mediana, finamente picada**
- **3 dientes de ajo, finamente picados**
- **2 cucharaditas de jengibre fresco, finamente rallado**
- **2 chiles pequeños, sin semillas y finamente picados**
- **1 cucharada de azúcar de palma rallada o azúcar morena**
- **½ cucharada de pimienta negra recién molida**
- **⅓ cucharadita de semillas de cilantro molidas**
- **½ cucharadita de comino molido**
- **⅓ cucharadita de cúrcuma molida**
- **Una pizca de sal**
- **3 cucharadas de agua**
- **2 cucharadas de salsa de soya ligera (light)**
- **1 cucharada de jugo de limón verde recién exprimido**
- **2 cucharadas de cilantro fresco, finamente picado**

1. **Para preparar los cangrejos,** póngalos boca arriba, retire el delantal (flequillo), saque y deseche los intestinos y las agallas grises. Corte cada cangrejo longitudinalmente a la mitad y luego transversalmente, dejando las patas y las garras intactas. Rompa las grandes garras delanteras con ayuda de un rodillo y enjuague para retirar los trozos de concha que hayan quedado. Seque con una toalla de cocina y reserve.
2. **Caliente** el aceite en un wok grande. Añada la cebolla y el ajo, saltee durante 3 ó 4 minutos hasta que estén suaves. Agregue el jengibre, chiles, azúcar de palma, pimienta, semillas de cilantro, comino, cúrcuma y sal; saltee alrededor de un minuto, hasta que aromaticen.
3. **Agregue** los cangrejos y saltee de 3 a 4 minutos, hasta que empiecen a cambiar de color. Añada el agua, salsa de soya y jugo de limón. Tape y deje hervir a fuego lento de 3 a 5 minutos, hasta que los cangrejos hayan cambiado completamente de color y la carne esté opaca. Agregue el cilantro fresco y mezcle para cubrir.
4. **Sirva calientes** acompañando con pequeños tazones de agua con limón para enjuagarse los dedos.

Si le gustó esta receta, también le gustarán:

76 frituras de camarón a la páprika

calamares a la sal y pimienta

camarones harissa

calamares a la sal y pimienta

Los calamares son una excelente fuente de selenio y tienen un alto contenido de fósforo, riboflavina y vitamina B12. Asegúrese de que el aceite esté lo suficientemente caliente cuando agregue los calamares ya que se deben cocinar muy rápido para que no se vuelvan duros y correosos.

Rinde 4 porciones

30 minutos

30 minutos

10 minutos

2

CALAMARES

- 6 calamares medianos de 15 a 20 cm (6-8 in) de largo
- 2 cucharadas de jugo de limón amarillo recién exprimido
- 2 cucharadas de granos de pimienta Sichuan
- 2 cucharadas de sal de mar
- 1 cucharadita de semillas de cilantro
- 4 tazas (1 litro) de aceite vegetal, para freír
- ¾ taza (125g) de harina de arroz
- ¼ taza (30 mg) de fécula de maíz (maicena)

ALIOLI

- 3 dientes de ajo, finamente picados
- 1 yema de huevo grande
- 1 cucharada de jugo de limón amarillo recién exprimido
- ½ cucharadita de mostaza Dijon
- ¾ taza (180 g) de aceite de oliva extra virgen
- Sal y pimienta blanca recién molida

1. **Para limpiar los calamares,** empiece jalando la cabeza y despréndala. La mayoría de las entrañas saldrán con la cabeza. Retire la piel manchada con sus dedos. Corte los tubos por el centro y ábralos para dejarlos planos. Retire las agallas (el cartílago duro y transparente que va a lo largo de todo el cuerpo). Enjuague en agua fría y seque con toallas de papel. Haga algunos cortes entrelazados de un lado del calamar con ayuda de un cuchillo filoso. Corte en trozos de 5 cm (2 in) y póngalos en un tazón mediano. Agregue el jugo de limón, mezcle para cubrir y refrigere durante 30 minutos.
2. **Para preparar el alioli** mezcle el ajo, yema de huevo, jugo de limón y mostaza en un tazón mediano. Vierta gradualmente el aceite, batiendo constantemente con ayuda de un batidor globo hasta que esté espeso y cremoso. Sazone con sal y pimienta y refrigere hasta el momento de usar.
3. **Fría en seco** los granos de pimienta, sal y semillas de cilantro en una sartén pequeña sobre fuego medio alrededor de 30 segundos, hasta que aromaticen. Pase a un mortero o a un molino para especias y muela hasta obtener un polvo fino.
4. **Vierta** el aceite en una freidora o una sartén para fritura profunda y caliente a 190°C (365°F/gas 5). Si no cuenta con un termómetro para fritura profunda, pruebe la temperatura del aceite dejando caer un trozo pequeño de pan en el aceite caliente, si el pan burbujea inmediatamente, sube a la superficie y se dora, el aceite estará listo.
5. **Escurra** los calamares en un colador y seque con toallas de papel.
6. **Cierna** la harina, la fécula y la mezcla de especias sobre un tazón mediano. Agregue la mitad de los calamares y mezcle para cubrir. Fría los calamares en tandas de 2 ó 3 minutos cada una, hasta que se doren. Escurra sobre toallas de papel.
7. **Sirva caliente** con el alioli.

camarones harissa

Los camarones, bajos en calorías y grasa saturada, son una excelente fuente de proteína magra y selenio. También contienen importantes cantidades de vitamina B12, vitamina D y ácidos grasos omega-3.

- Rinde 4 porciones
- 30 minutos
- 5 minutos
- 5-6 minutos
- 1

1½ taza (325 ml) de caldo de verduras (vea página 96)
1½ taza (225 g) de cuscús
1 cucharada de aceite de oliva extra virgen
1 cebolla mediana, finamente rebanada
4-6 cucharadas de salsa harissa (vea página 30)
1 kilogramo (2 lb) de camarones (langostinos) desvenados, sin cáscara, con cola
2 jitomates medianos, partidos en cubos pequeños
½ taza (125g) de yogurt simple
3 cucharadas de cilantro fresco, finamente picado

1. **Coloque** el caldo de verduras en una olla pequeña sobre fuego medio-alto y lleve a ebullición. Agregue el cuscús, retire del fuego y tape. Deje reposar durante 5 minutos, hasta que el líquido se haya absorbido por completo. Mezcle cuidadosamente con ayuda de un tenedor para separar los granos.
2. **Precaliente** un wok grande sobre fuego medio-alto. Agregue el aceite y la cebolla y saltee alrededor de 2 minutos, hasta que esté suave. Agregue la salsa harissa, los camarones y los jitomates y saltee durante 3 ó 4 minutos, hasta que los camarones hayan cambiado de color y estén totalmente cocidos.
3. **Usando una cuchara** pase el cuscús a 4 platos de servicio y cubra con los camarones harissa. Adorne con una cucharada de yogurt y un poco de cilantro; sirva caliente.

Si le gustó esta receta, también le gustarán:

frituras de camarones a la páprika

76

sopa de coco, calabaza y camarones

92

camarones masala

140

paella picante de mariscos

La paella es un platillo tradicional de Valencia, en el este de España. Nuestra receta es una versión picante de este famoso platillo.

De 6 a 8 porciones
30 minutos
10 minutos
15 minutos

2

3 cucharadas de aceite de oliva extra virgen
1 cebolla grande, finamente rebanada
2 dientes de ajo, finamente picados
1 pimiento (capsicum) rojo, sin semillas y rebanado
5 jitomates medianos, partidos en cubos
2 tazas (400 g) de arroz español para paella o arroz Arborio
3 chiles rojos grandes, sin semillas y finamente rebanados
1 cucharadita de pistilos de azafrán, remojados en 3 cucharadas de agua caliente
1 cucharada de páprika dulce
½ taza (125 ml) de vino blanco seco
3½ tazas (875 ml) de caldo de verduras (vea página 96), caliente
350 gramos (12 oz) de filetes de pescado blanco firme como huachinango, bacalao, halibut, merlán o rape, cortados en cubos de 2 cm (¾ in)
250 gramos (8 oz) de camarones (langostinos), sin piel, desvenados, con cola
250 gramos (8 oz) de calamares limpios, cortados en piezas de 4 cm (1½ in)
12 mejillones en su concha, limpios
½ taza (75 g) de chícharos congelados
Sal y pimienta negra recién molida
2 cucharadas de perejil fresco, finamente picado, para adornar
Rebanadas de limón, para acompañar

1. **Caliente** el aceite en una paellera o en una sartén muy grande sobre fuego medio. Agregue la cebolla y el ajo y saltee durante 3 ó 4 minutos, hasta que estén suaves. Agregue el pimiento rojo y los jitomates y saltee durante 3 ó 4 minutos, hasta que estén suaves.

2. **Agregue** el arroz, chile, mezcla de azafrán y páprika y mezcle para cubrir. Vierta el vino, cocine moviendo constantemente durante un minuto. Vierta el caldo caliente, reduzca el fuego y deje hervir lentamente alrededor de 15 minutos, moviendo ocasionalmente, hasta que el arroz esté medio cocido.

3. **Añada** el pescado, camarones, calamares, mejillones y chícharos y deje hervir lentamente alrededor de 5 minutos, moviendo ocasionalmente, hasta que el pescado y los camarones empiecen a cambiar de color y los mejillones se abran. Sazone con sal y pimienta.

4. **Retire** del fuego, tape y reserve durante 10 minutos para finalizar el cocimiento.

5. **Deseche** los mejillones que no se hayan abierto y espolvoree con el perejil. Sirva caliente y adorne con las rebanas de limón.

camarones masala

Masala es una palabra hindú que significa especia y cuando se usa en la cocina, generalmente quiere decir que es una combinación de distintas especias.

- Rinde 4 porciones
- 20 minutos
- 1 hora
- 15 minutos
- 1

2 cucharaditas de semillas de cilantro
1 cucharadita de cúrcuma molida
1 cucharadita de semillas de comino
1 cucharadita de hojuelas de chile rojo
$\frac{1}{4}$ cucharadita de granos de pimienta negra
$\frac{1}{2}$ cucharadita de sal
2 cucharadas de jugo de limón recién exprimido
24 camarones grandes (tigre), sin piel, desvenados, con cola
2 cucharadas de mantequilla clarificada o aceite vegetal
1 cebolla pequeña, finamente picada
4 dientes de ajo, finamente picados
1 cucharadita de jengibre fresco, finamente rallado
1 chile pequeño, sin semillas y finamente picado
3 jitomates, cortados en cubos pequeños
2 cucharadas de cilantro, finamente picado
Arroz basmati al vapor, para acompañar

1. **Fría en seco** las semillas de cilantro, cúrcuma, comino, hojuelas de chile rojo y granos de pimienta en una sartén pequeña sobre fuego medio durante 1 ó 2 minutos, hasta que aromaticen. Pase a un mortero o a un molino para especias. Agregue la sal y muela hasta obtener un polvo fino.
2. **Mezcle** el polvo de especias y el jugo de limón en un tazón grande. Añada los camarones y mezcle para cubrir. Cubra y refrigere durante una hora.
3. **Caliente** la mantequilla clarificada o aceite en una sartén grande sobre fuego medio. Agregue la cebolla, ajo, jengibre y chile y saltee de 3 a 4 minutos hasta que estén suaves. Añada los jitomates y saltee de 2 a 3 minutos.
4. **Agregue** los camarones y el cilantro y mezcle para cubrir. Deje hervir a fuego lento de 4 a 5 minutos hasta que los camarones cambien de color y estén cocidos. Sirva caliente acompañando con el arroz.

Si le gustó esta receta, también le gustarán:

camarones harissa

136

festín de pescado al curry

144

paella picante de mariscos

138

pescado con coco al curry

Sirva este pescado picante al curry acompañado con bastante arroz basmati recién hecho para que absorba el jugo. La cúrcuma, especia clave en los diferentes tipos de curry, tiene grandes poderes anti-inflamatorios y se cree que también protege contra el cáncer.

Rinde 6 porciones

20 minutos

20-25 minutos

1

- 4 chiles rojos secos pequeños, desmenuzados
- 2 cucharaditas de semillas de comino
- 1 cucharada de semillas de cilantro
- 1 cucharadita de cúrcuma molida
- 1/4 cucharadita de semillas de mostaza
- 1/4 cucharadita de semillas de fenogreco
- 1/4 taza (30 g) de coco rallado sin endulzar (deshidratado)
- 3 cucharadas de aceite vegetal
- 1 cebolla grande, finamente picada
- 4 dientes de ajo, finamente picados
- 2 cucharaditas de jengibre fresco, finamente rallado
- 3 jitomates medianos, cortados en cubos
- 2 cucharadas de puré de tamarindo
- 1 taza (250 ml) de agua
- 1 1/2 taza (325 ml) de leche de coco
- 1 cucharada de jugo de limón recién exprimido
- 8 hojas de curry
- 1.5 kilogramos (3 lb) de filetes de pescado blanco firmes como el huachinango, bacalao, halibut, merlán o rape, cortado en trozos de 5 cm (2 in)

1. **Fría en seco** los chiles, comino, semillas de cilantro, cúrcuma, mostaza, fenogreco y coco en una sartén mediana sobre fuego medio-alto de 1 a 2 minutos, hasta que aromaticen. Pase a un mortero o a un molino para especias. Agregue la sal y muela hasta obtener una pasta fina.
2. **Caliente** el aceite en una sartén grande o wok sobre fuego medio y saltee la cebolla, ajo y jengibre durante 3 ó 4 minutos, hasta que estén suaves. Añada la mezcla de especias, jitomates y tamarindo y hierva a fuego lento durante 2 minutos. Agregue el agua, leche de coco, jugo de limón y hojas de curry y mezcle para cubrir. Hierva a fuego lento de 10 a 15 minutos para permitir que se infundan los sabores.
3. **Agregue** el pescado y hierva lentamente de 5 a 10 minutos, hasta que el pescado esté cocido y se ponga blanco. Sirva caliente.

Si le gustó esta receta, también le gustarán:

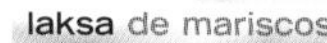

sopa picante de pescado

102

laksa de mariscos

106

festín de pescado al curry

144

festín de pescado al curry

Sirva este platillo para una ocasión especial. Se puede servir solo o con arroz, o puede ser parte de un conjunto de platillos preparados para un buffet de cumpleaños o para fiesta.

- De 4 a 6 porciones
- 30 minutos
- 25-30 minutos
- 1

- 1 cucharada de semillas de comino
- 1½ cucharaditas de semillas de cilantro
- ½ cucharadita de semillas de hinojo
- 1 cucharadita de mantequilla sin sal
- 3 cucharadas de aceite vegetal
- 2 cebollas grandes, sin piel y finamente picadas
- 2 dientes de ajo grandes, sin piel y finamente picados
- 4 cm (1½ in) de raíz de jengibre fresco, sin piel y rallado
- 2 chiles rojos, sin semillas, rebanados
- 1 chile verde, finamente picado
- 1½ cucharadita de cúrcuma molida
- 1½ cucharadita de pasta de tamarindo
- 5 hojas de curry seco
- 1⅔ taza (400 ml) de leche de coco
- ½ taza (125 ml) de agua
- 500 gramos (1 lb) de filete de pescado blanco firme como el huachinango, bacalao, halibut, merlán o rape, cortado en trozos de 2.5 cm (1 in)
- 600 gramos (1¼ lb) de camarones grandes (langostinos), sin piel y desvenados
- Sal
- ½ taza (25 g) de cilantro fresco, toscamente picado
- 2 limones verdes en rebanadas, para adornar
- Arroz basmati, para acompañar

1. **Fría en seco** las semillas de comino, cilantro y de hinojo en una sartén grande y profunda sobre fuego medio durante un minuto, hasta que aromaticen. Pase a un mortero y muela hasta hacer polvo.
2. **Regrese** la sartén a fuego medio y agregue la mantequilla y el aceite. Cuando esté caliente agregue la cebolla y saltee durante 3 ó 4 minutos, hasta que esté suave. Reduzca el fuego, integre el ajo y saltee de 5 a 8 minutos, hasta que esté suave y dorado.
3. **Agregue** el jengibre y los chiles, saltee durante un minuto. Integre la mezcla de especias, cúrcuma, pasta de tamarindo y hojas de curry.
4. **Añada** la leche de coco y el agua y lleve a ebullición. Hierva a fuego lento alrededor de 10 minutos, hasta que suelten sus sabores.
5. **Añada** el pescado y los camarones. Tape y deje hervir alrededor de 5 minutos sobre fuego muy bajo hasta que los camarones estén de color rosado y el pescado esté cocido. Mueva de vez en cuando, teniendo cuidado de no desbaratar el pescado. Sazone con sal e integre el cilantro.
6. **Adorne** con las rebanadas de limón y sirva caliente acompañando con el arroz.

pescado al curry con pimientos

Los pimientos y jitomates añaden un llamativo toque de color a este curry de pescado y coco.

De 4 a 6 porciones

20 minutos

20 minutos

1

- 3 cucharadas de mantequilla clarificada o aceite vegetal
- 1 cebolla, finamente picada
- 3 dientes de ajo grandes, finamente picados
- 2 cucharaditas de jengibre fresco, finamente rallado
- 2 chiles rojos secos pequeños, desmenuzados
- 1 cucharadita de cúrcuma molida
- 1 cucharadita de semillas de mostaza negra
- $\frac{1}{4}$ cucharadita de chile en polvo
- 1 pimiento (capsicum) rojo grande, sin semillas y partido en cubos
- 3 jitomates, partidos en cubos
- 1 taza (250 ml) de caldo de pescado o agua
- 1 taza (250 ml) de leche de coco
- 600 gramos (1 $\frac{1}{4}$ lb) de filetes de pescado blanco firme como el huachinango, bacalao, halibut, merlán o rape, cortados en trozos de 2.5 cm (1 in)
- Sal y pimienta negra recién molida
- Arroz basmati, para acompañar

1. **Caliente** la mantequilla clarificada o aceite en una sartén mediana sobre fuego medio. Agregue la cebolla, ajo, jengibre y chiles; saltee durante 3 ó 4 minutos, hasta que estén suaves. Añada la cúrcuma, semillas de mostaza y chile en polvo y saltee alrededor de un minuto, hasta que las semillas salten y las especias aromaticen.
2. **Agregue** el pimiento y jitomates; mezcle para cubrir. Vierta el caldo o agua y la leche de coco y lleve a ebullición. Hierva sobre fuego bajo durante 10 minutos para infundir los sabores y reducirlo ligeramente.
3. **Agregue** el pescado, tape y hierva lentamente alrededor de 5 minutos hasta que el pescado esté cocido. Mezcle de vez en cuando, teniendo cuidado de no desbaratar el pescado. Sazone con sal y pimienta y sirva caliente acompañando con el arroz.

Si le gustó esta receta, también le gustarán:

camarones masala

140

pescado con coco al curry

142

festín de pescado al curry

144

guisado tunecino de pescado

Sirva este delicioso guisado de pescado acompañado con pan de masa fermentada recién horneado o bollos crujientes.

Rinde 4 porciones
30 minutos
25-30 minutos
1

- 500 gramos (1 lb) de papas cambray con piel, cortadas en rebanadas gruesas
- 3 jitomates medianos, sin piel y partidos en cuarterones
- ½ cucharadita de páprika dulce ahumada
- 1 cucharadita de salsa harissa + la necesaria para acompañar (vea página 30)
- ½ cucharadita de comino molido
- 2 chalotes, partidos en cuarterones
- 3 dientes de ajo, finamente picados
- 2 hojas de laurel
- 1 cucharadita de romero fresco, finamente picado
- 3 cucharadas de jugo de limón amarillo recién exprimido
- 4 tazas (1 litro) de caldo de verduras (vea página 96)
- 2 cucharadas de aceite de oliva extra virgen
- 500 gramos (1 lb) de filetes de merluza, bacalao o abadejo, cortados en trozos grandes
- ½ taza (25 g) de perejil fresco finamente picado
- 2 cucharadas de menta fresca, finamente picada
- Sal y pimienta negra recién molida

1. **Mezcle** las papas, jitomates, páprika, salsa harissa, comino, chalotes, ajo, hojas de laurel, romero, jugo de limón y caldo de verduras en una olla grande y lleve a ebullición. Tape y hierva a fuego lento de 15 a 20 minutos, hasta que las papas estén suaves.
2. **Integre** el aceite y añada el pescado. Vuelva a hervir a fuego lento de 6 a 8 minutos, hasta que el pescado esté cocido. Desmenuce cuidadosamente los trozos de pescado en trozos más pequeños.
3. **Agregue** el perejil y la menta, sazone con sal y pimienta e integre un poco más de salsa harissa si desea un platillo más picante. Sirva caliente.

Si le gustó esta receta, también le gustarán:

robalo con salsa de jitomates asados

154

pescado harissa con ensalada de papas al cilantro

158

tagine de pescado picante

166

pescado al chile tai con brócoli

Comer brócoli y pescado picante es una combinación muy saludable. Si desea variar, puede sustituir el brócoli por la misma cantidad de col china o col Savoy rallada.

Rinde 4 porciones

20 minutos

10-15 minutos

2

- Jugo recién exprimido de 4 limones verdes
- 2 cucharadas de salsa tai de pescado
- 1 cucharadita de azúcar
- 2 chiles rojos pequeños sin semillas y finamente rebanados
- 2 chiles verdes largos, sin semillas y finamente picados
- 2 tallos de lemongrass, rallado
- 1 cucharada de jengibre fresco, finamente rallado
- ¼ taza (60 ml) de aceite de cacahuate
- 4 filetes de pescado blanco firme como el bacalao, abadejo, huachinango, halibut o merlán (de aproximadamente 150 g/5 oz cada uno), sin piel
- ½ cucharadita de salsa de soya baja en sodio
- 1 cucharadita de vino de arroz
- 14 gramos (14 oz) de brócoli, cortado en pequeños floretes y los tallos gruesos cortados a la mitad

1. **Mezcle** el jugo de limón, salsa de pescado, azúcar, chiles, lemongrass y jengibre en un tazón pequeño y reserve.
2. **Caliente** el aceite en una sartén grande sobre fuego medio hasta que esté muy caliente y chisporroteando. Añada la mezcla de especias. Agregue el pescado con ayuda de una espátula de metal y cocine durante 2 ó 3 minutos sin moverlo, hasta que esté dorado por abajo. Voltee los filetes de pescado y cocine durante 1 ó 2 minutos más, hasta que se doren por el otro lado.
3. **Pase** el pescado a los platos de servicio, rocíe con la salsa de soya y el vino de arroz; reserve en el horno caliente.
4. **Aumente** la temperatura de la sartén a media-alta, agregue el brócoli y una cucharada de agua al jugo del pescado. Saltee de 2 a 4 minutos, hasta que esté al dente.
5. **Sirva** el brócoli caliente con el pescado y cubra con la salsa.

Si le gustó esta receta, también le gustarán:

huachinango al sake con arroz aromático

152

robalo con salsa de jitomates asados

154

filetes de salmón con col china

156

huachinango al sake
con arroz aromático

El huachinango es un delicioso pescado carnoso. Su carne blanca y firme es especialmente apropiada para asar ya que no se desbarata durante la cocción.

- Rinde 4 porciones
- 20 minutos
- 30 minutos
- 20-25 minutos
- 2

HUACHINANGO

- 4 filetes de huachinango, sin piel (de aproximadamente 150 g/5 oz cada uno)
- 1 chile rojo grande no muy picante, sin semillas y finamente rebanado
- 2 cucharaditas de sal
- 1 cucharada de jengibre fresco, finamente rallado
- Ralladura fina y jugo de 1 limón amarillo orgánico
- $\frac{1}{4}$ taza (60 ml) de sake o vino de arroz
- 2 cucharadas de aceite de oliva extra virgen
- Rebanadas de limón amarillo, para acompañar

ARROZ AROMÁTICO

- $1\frac{1}{2}$ taza (250 g) de arroz jazmín
- 2 cucharadas de aceite de cacahuate
- 1 tallo de lemongrass, machacado
- 1 cm ($\frac{1}{2}$ in) de jengibre fresco, sin piel
- 1 zanahoria mediana, cortada en trozos del tamaño de un cerillo
- 1 chile verde pequeño, sin semillas y finamente rebanado
- Un manojo de hojas de albahaca fresca
- 1 cucharadita de aceite de ajonjolí
- 2–3 cucharaditas de sake o vino de arroz
- 1 chile rojo, sin semillas y finamente rebanado
- 1 cucharada de semillas de ajonjolí, tostadas

1. **Para preparar el huachinango** coloque los filetes de pescado sobre una tabla para cortar y haga tres cortes profundos con ayuda de un cuchillo filoso en la carne de cada uno. Introduzca algunas rebanadas de chile dentro de cada corte y, ponga los filetes en un platón poco profundo.
2. **Mezcle** la sal, jengibre, ralladura y jugo de limón en un tazón pequeño. Usando una cuchara, vierta la mezcla sobre los filetes de huachinango. Tape y deje marinar por lo menos durante 30 minutos en el refrigerador.
3. **Para preparar el arroz aromático** enjuague el arroz bajo el chorro de agua fría hasta que el agua salga clara. Cocine el arroz en una olla mediana con agua hirviendo con un poco de sal de 12 a 15 minutos, hasta que esté suave. Escurra perfectamente.
4. **Caliente** el aceite en un wok o en una sartén sobre fuego medio y agregue el lemongrass, jengibre, zanahoria y chile verde. Saltee durante 2 minutos.
5. **Integre** el arroz y la albahaca y saltee durante 2 ó 3 minutos, hasta que esté completamente caliente. Agregue una cucharada de agua si el arroz está muy pegajoso.
6. **Retire** el lemongrass y el jengibre. Rocíe con el aceite de ajonjolí, sake, chile y semillas de ajonjolí. Reserve.
7. **Para cocinar el pescado** rocíe con el sake y frote con cuidado para que penetre en la carne.
8. **Caliente** el asador de su horno, una sartén para asar sobre la estufa o una parrilla para asar hasta que esté muy caliente. Barnice los filetes con aceite de oliva y coloque debajo del asador o en la sartén. Cocine de 3 a 5 minutos de cada lado dependiendo del grosor de los filetes, hasta que se doren y se cocinen por completo.
9. **Sirva caliente** acompañando con el arroz y las rebanadas de limón.

robalo con salsa de jitomates asados

También podría asar un robalo entero sin escamas y limpio en lugar de filetes. Un pescado entero tarda más tiempo en cocinarse. Sirva caliente acompañando con bastante pan recién horneado.

Rinde 6 porciones

25 minutos

30 minutos

35-40 minutos

2

SALSA DE JITOMATE

1 kilogramo (2 lb) de jitomates maduros

4–6 chiles rojos medianos

1 pimiento (capsicum) rojo, sin semillas y partido a la mitad

5 dientes de ajo, sin piel

7 cucharadas (100 ml) de aceite de oliva extra virgen

½ cucharadita de sal de mar

1 cebolla morada, finamente picada

3 cucharadas de hojas de cilantro fresco, picadas

Sal y pimienta negra recién molida

Jugo recién exprimido de 2 limones verdes

PESCADO

6 filetes de robalo o pargo sin piel (de aproximadamente 175-200 g/6-7 oz cada uno)

Rebanadas de limón amarillo, para acompañar

1. **Para preparar la salsa de jitomate** precaliente el horno a 220°C (425°F/gas 7). Coloque los jitomates, chiles y las mitades del pimiento con el lado de la piel hacia arriba, sobre una charola para hornear o un asador. Coloque el ajo con los jitomates y pimientos para que queden un poco escondidos. Las verduras deberán acomodarse pegadas unas con otras. Rocíe con una cucharada de aceite y espolvoree con la sal de mar. Ase de 20 a 25 minutos, hasta que las pieles estén ligeramente chamuscadas y los jitomates estén a punto de reventar. Dé la vuelta una o dos veces durante el asado.
2. **Deje enfriar** ligeramente, corte el tallo y desvene los chiles. Pase a un procesador de alimentos, pulse hasta obtener una mezcla gruesa. También lo puede hacer, machacando con ayuda de un tenedor en un tazón.
3. **Mezcle** con la cebolla y el cilantro en un tazón. Agregue dos pizcas de sal y pimienta. Integre el aceite restante y el jugo de limón. Reserve.
4. **Para preparar el pescado,** haga 2 ó 3 cortes en el lado de la piel de los filetes con ayuda de un cuchillo filoso. Coloque el pescado en un tazón poco profundo, cubra con un poco menos de la mitad de la salsa, reservando el resto. Deje el pescado marinar durante 30 minutos en el refrigerador.
5. **Dependiendo** del tamaño de su asador, sartén para asar o parrilla, cocine el pescado en tandas. Antes de empezar el cocimiento, barnice las barras de la parrilla, la sartén o la parrilla con un poco de aceite. Ponga a calentar hasta que esté muy caliente. Escurra los filetes y ase primero con el lado de la piel hacia abajo de 3 a 4 minutos por cada lado, dependiendo del grosor de los filetes, hasta que estén dorados y completamente cocidos.
6. **Sirva caliente** acompañando con la salsa reservada y las rebanadas de limón amarillo.

filetes de salmón con col china

Si no puede encontrar col china (pak choy), la puede sustituir con 6 tallos grandes de acelgas ó 250 g (8 oz) de espinacas de hoja grande.

Rinde 4 porciones
20 minutos
40 minutos
2

- 4 filetes de salmón (de aproximadamente 150 g/5 oz cada uno)
- Sal de mar y pimienta negra recién molida
- 1 col china (pak choy)
- 3 cucharadas de aceite de cacahuate
- 1 cebolla grande, finamente rebanada
- 1½ cm (11/2 in) de jengibre fresco, sin piel y finamente rebanado
- 3 jitomates grandes, sin semillas y picados
- 1 chile rojo largo, sin semillas y finamente rebanado
- 1 cucharadita de azúcar
- ¾ taza (200 ml) de leche de coco
- ¾ taza (200 ml) de agua
- Salsa de soya al gusto
- Jugo recién exprimido de 1 limón amarillo
- ½ taza (25 g) de hojas de cilantro fresco, picadas
- Arroz al vapor, para acompañar

1. **Sazone** los filetes de salmón con sal y pimienta y reserve. Corte las hojas de los tallos de la col china. Usando un cuchillo pique toscamente las hojas y corte los tallos en trozos pequeños.
2. **Caliente** el aceite en un wok o en una sartén para fritura profunda sobre fuego medio. Agregue la cebolla, jengibre, tallos de col china y saltee de 5 a 6 minutos, hasta que la cebolla esté ligeramente dorada.
3. **Agregue** los jitomates, chile y azúcar y hierva lentamente durante 5 minutos, moviendo con frecuencia. Vierta la leche de coco y el agua. Sazone con sal y bastante pimienta. Lleve a ebullición moviendo constantemente y cuando suelte el hervor, disminuya el fuego y hierva a fuego lento durante 15 minutos.
4. **Integre** las hojas de col china, agregue 3 ó 4 chorritos de salsa de soya y rocíe con el jugo de limón. Ponga los filetes de salmón en una capa sobre la salsa y rocíe un poco más de salsa sobre el pescado. Cubra herméticamente con una tapa o con papel aluminio. Aumente el fuego a medio y deje hervir. Hierva lentamente de 8 a 10 minutos, hasta que el pescado esté completamente cocido.
5. **Pase** los filetes con la salsa a un plato de servicio. Cubra con la salsa restante y espolvoree con cilantro. Sirva inmediatamente, acompañando con arroz.

Si le gustó esta receta, también le gustarán:

pescado al chile tai con brócoli

150

trucha de mar estilo bengalí

160

pescado sambal con arroz al coco

162

pescado harissa con ensalada de papas al cilantro

Puede preparar la ensalada de papas con anticipación, pero la tiene que sacar del refrigerador aproximadamente una hora antes de servir. Ase el pescado solamente unos minutos antes de servirlo.

Rinde 6 porciones
20 minutos
15-20 minutos
1

ENSALADA DE PAPAS
- **1** **kilogramo (2 lb) de papas cambray, con piel y partidas a la mitad si están grandes**
- **Una pizca de sal**
- **4** **dientes de ajo, finamente picados**
- **1** **taza (250 ml) de yogurt simple**
- **1** **cucharada de crème fraîche o crema espesa**
- **1½** **cucharadita de semillas de cilantro, molidas**
- **2** **cucharadas de menta fresca, finamente picada, + 2 ramas**
- **Sal y pimienta negra recién molida**

PESCADO
- **2** **cucharadas de salsa harissa (vea página 30)**
- **3** **cucharadas de aceite de oliva extra virgen**
- **6** **filetes de pescado blanco firme como el bacalao, abadejo, huachinango, halibut o merlán (de aproximadamente 150 g/5 oz cada uno), sin piel**

1. **Coloque las papas** en una olla con suficiente agua fría para que las cubra. Agregue 2 ramas de menta y una pizca de sal. Hierva de 10 a 15 minutos, hasta que estén suaves. Escurra perfectamente.
2. **Mezcle** el ajo, yogurt, crème fraîche, semillas de cilantro y la menta picada en un tazón. Mezcle con las papas mientras estén tibias. Sazone con sal y pimienta. Reserve hasta que el pescado esté listo o refrigere hasta el momento de usar.
3. **Para preparar el pescado,** adelgace la salsa harissa con una cucharada de aceite y unte sobre los filetes de pescado.
4. **Caliente** el aceite restante en una sartén grande sobre fuego medio-alto. Fría el pescado durante 2 ó 3 minutos de cada lado, hasta que esté completamente cocido. Revise si el pescado está listo retirando una hojuela de pescado con ayuda de un cuchillo pequeño. Deberá estar suave y opaco.
5. **Pase** la ensalada de papas a un plato de servicio y cubra con el pescado. Sirva caliente o tibio.

Si le gustó esta receta, también le gustarán:

guisado tunecino de pescado

148

huachinango al sake con arroz aromático

152

trucha de mar estilo bengalí

160

trucha de mar estilo bengalí

La trucha de mar es una especie de trucha arco iris que regresa al mar alrededor de los 3 años de edad. Si no puede conseguir trucha para esta receta, la puede sustituir con salmón.

Rinde 4 porciones
15 minutos
15 minutos
1

- 3 cucharadas de mantequilla clarificada (ghee) o aceite vegetal
- 1 cebolla, finamente picada
- 4 dientes de ajo, finamente picados
- 2 cucharaditas de jengibre fresco, finamente rallado
- 2 chiles verdes pequeños, sin semillas y finamente picados
- 10 hojas de curry
- 1 cucharadita de semillas de mostaza negra
- 1 cucharadita de cilantro molido
- ½ cucharadita de cúrcuma molida
- ½ cucharadita de sal
- ¼ cucharadita de semillas de fenogreco, aplastadas
- ¼ cucharadita de pimienta negra recién molida
- 4 tazas (800 g) de jitomates enlatados, en cubos, con su jugo
- 2 cucharadas de cilantro fresco, finamente picado, + lo necesario para adornar
- ⅓ taza (90 ml) de agua
- 3 cucharadas de jugo de limón amarillo recién exprimido
- 4 filetes de trucha de mar o salmón (de aproximadamente 180 g/6 oz cada uno)
- Arroz basmati al vapor, para acompañar

1. **Caliente** la mantequilla clarificada en una sartén sobre fuego medio. Agregue la cebolla, ajo, jengibre y chile y saltee durante 3 ó 4 minutos, hasta que estén suaves. Añada las hojas de curry, semillas de mostaza, cilantro molido, cúrcuma, sal, fenogreco y pimienta negra y saltee durante 1 ó 2 minutos, hasta que las semillas de mostaza empiecen a saltar y las especias aromaticen.

2. **Añada** los jitomates y el cilantro y mezcle para integrar. Vierta el agua y el jugo de limón y lleve a ebullición. Agregue el pescado y hierva lentamente alrededor de 10 minutos, barnizándolo frecuentemente con la salsa hasta que esté cocido a su gusto.

3. **Sirva caliente** acompañando con el arroz y adornando a su gusto con hojas de cilantro.

Si le gustó esta receta, también le gustarán:

pescado al chile tai con brócoli

filetes de salmón con col china

pescado horneado al coco con limón en salmuera picante

pescado sambal
con arroz al coco

Estos paquetes de pescado picante se pueden llevar a la mesa todavía envueltos, sus invitados disfrutarán del delicioso aroma al desenvolverlos.

Rinde 4 porciones
20 minutos
70 minutos
35-40 minutos
1

PESCADO SAMBAL
- 3 chalotes, finamente picados
- 2 cucharadas de jugo de limón verde recién exprimido
- 1 ½ cucharada de sambal oelek
- 2 cucharaditas de aceite de ajonjolí
- 2 dientes de ajo, finamente picados
- 2 cucharaditas de jengibre fresco, finamente rallado
- 1 tallo de lemongrass, solamente la parte blanca, finamente picado
- ½ cucharada de piloncillo, toscamente rallado, o azúcar morena ligera
- 4 piezas (de aproximadamente 200 g/7 oz cada una) de pescado ojos azules o algún otro pescado blanco firme
- 2 cebollitas de cambray, finamente rebanadas, para adornar

ARROZ AL COCO
- 2 tazas (400 g) de arroz jazmín
- 2 tazas (500 ml) de agua
- 1 taza (250 ml) de leche de coco (sin el suero)

1. **Para preparar el pescado,** mezcle los chalotes, jugo de limón, sambal oelek, aceite de ajonjolí, ajo, jengibre, lemongrass y piloncillo o azúcar en un tazón mediano. Agregue el pescado y mezcle para cubrir. Tape y refrigere durante una hora para marinar.
2. **Precaliente** el horno a 200°C (400°F/gas 6).
3. **Para preparar el arroz al coco,** enjuague el arroz bajo el chorro de agua fría hasta que el agua salga clara. Coloque el arroz, agua y leche de coco en una olla mediana y lleve a ebullición. Reduzca el fuego, tape y hierva lentamente durante 10 minutos. Retire del fuego, reserve durante 10 minutos, todavía tapada, para terminar la cocción.
4. **Mientras tanto,** coloque el pescado preparado en cuatro trozos separados de papel encerado y envuelva para cerrar. Coloque sobre una charola para hornear y hornee de 15 a 20 minutos, hasta que la carne del pescado se desmenuce fácilmente.
5. **Adorne** con las cebollitas de cambray y sirva caliente acompañando con el arroz al coco.

Si le gustó esta receta, también le gustarán:

robalo con salsa de jitomates asados

pescado horneado al coco con limón en salmuera picante

pescado tai con salsa de caramelo

pescado horneado al coco con limón en salmuera picante

El limón amarillo en salmuera necesita 16 días para desarrollar completamente su sabor. Si no tiene tiempo de hacerlo, compre una buena marca de limón amarillo encurtido en la tienda.

Rinde 4 porciones

30 minutos

16 días

15-20 minutos

3

LIMÓN AMARILLO EN SALMUERA

- 7 limones amarillos
- ½ taza (100 g) de sal
- 1 cucharada de mostaza en polvo
- 1 cucharada de fenogreco molido
- ⅓ taza (50 g) de chile en polvo
- ½ cucharada de cúrcuma molida
- ½ taza (125 ml) de aceite de mostaza
- ½ cucharada de semillas de mostaza amarilla, trituradas

PESCADO AL COCO

- 4 piezas (de aproximadamente 200 g/7 oz cada una) de pescado ojos azules
- 1 taza (250 ml) de leche de coco
- 2 cucharadas de jugo de limón verde recién exprimido
- ½ cucharada de piloncillo, toscamente rallado, o azúcar morena
- 2 cucharaditas de jengibre fresco, finamente rallado
- 2 chiles rojos pequeños, sin semillas y finamente rebanados
- 2 hojas de lima kaffir, finamente rebanada
- Arroz basmati al vapor, para servir

1. **Para preparar el limón amarillo en salmuera,** lave los limones y córtelos transversalmente a la mitad, retire las semillas. Corte cada mitad longitudinalmente en cuarterones y póngalos en un frasco grande esterilizado. Agregue la sal y mezcle para cubrir. Tape y reserve en un lugar tibio durante una semana, hasta que los limones amarillos estén suaves y de color café.
2. **Mezcle** la mostaza en polvo, fenogreco, chile en polvo y cúrcuma. Agregue la mezcla de especias a los limones y mezcle para integrar. Tape y reserve durante dos días más.
3. **Caliente** el aceite de mostaza en una sartén pequeña sobre fuego alto hasta que el aceite empiece a humear. Retire del fuego y saltee rápidamente las semillas de mostaza. Vierta el aceite sobre los limones y mezcle hasta integrar por completo. Tape y reserve en un lugar tibio durante una última semana. Use según lo necesite.
4. **Para preparar el pescado al coco,** precaliente el horno a 200°C (400°F/gas 6).
5. **Mezcle** la leche de coco, jugo de limón, piloncillo o azúcar y jengibre en un tazón grande. Agregue el pescado y mezcle para cubrir. Tape y refrigere durante una hora para marinar, mezclando ocasionalmente.
6. **Coloque** el pescado en cuatro trozos separados de papel encerado. Usando una cuchara, cubra con un poco de marinada y espolvoree con chile y hojas de lima kaffir. Doble cada trozo de papel para cubrir el pescado y colóquelos sobre una charola para hornear. Hornee de 15 a 20 minutos, hasta que la carne del pescado se desmenuce fácilmente.
7. **Sirva** el pescado caliente acompañando con el arroz y los limones en salmuera.

tagine de pescado picante

Si le es posible, cocine y sirva este platillo del Norte de África en una tagine tradicional.

Rinde 4 porciones

20 minutos

4-12 horas

25-30 minutos

1

SALSA CHERMOULA

- 3 dientes de ajo, picados
- 2 chiles rojos pequeños, sin semillas y picados
- ¼ taza (15 g) de cilantro fresco, finamente picado
- ¼ taza (15 g) de perejil fresco, finamente picado
- ¼ taza (60 ml) de aceite de oliva extra virgen
- ¼ taza (60 ml) de jugo de limón amarillo recién exprimido
- 2 cucharaditas de páprika
- 2 cucharaditas de comino molido
- 1 cucharadita de semillas de cilantro molidas
- ½ cucharadita de pimienta de cayena
- ½ cucharadita de sal
- ½ cucharadita de pimienta negra recién molida

PESCADO

- 4 filetes (de aproximadamente 180 g/6 oz cada uno) gruesos de pez espada
- 1 zanahoria grande, partida en rodajas de 1 cm (½ in) de grueso
- 1 cebolla morada grande, rebanada en rodajas gruesas
- 1 pimiento (capsicum) rojo, sin semillas y cortado transversalmente en rodajas
- 1 pimiento (capsicum) verde, sin semillas y cortado transversalmente en rodajas
- 2 jitomates, rebanados en rodajas gruesas
- ⅓ taza (90 ml) de agua

1. **Para preparar la salsa chermoula,** mezcle el ajo, chiles, cilantro y perejil en un procesador de alimentos y pulse hasta obtener una pasta. Agregue el aceite, jugo de limón, páprika, comino, cilantro, pimienta de cayena, sal y pimienta negra y mezcle hasta integrar.
2. **Para preparar el pescado,** ponga el pescado y la salsa chermoula en un tazón grande y mezcle para cubrir. Tape y deje marinar en el refrigerador por lo menos 4 horas o durante toda la noche.
3. **Acomode** las zanahorias en la base de una tagine mediana o en una olla grande y gruesa. Acomode una capa de cebolla y luego una capa del pescado marinado. Cubra con los pimientos y los jitomates. Bañe con el agua y la marinada restante. Tape y cocine de 25 a 30 minutos sobre fuego medio, hasta que el pescado esté cocido. Sirva caliente.

pescado tai
con salsa de caramelo

La salsa tai dulce de este platillo es algo diferente pero muy sabrosa.

Rinde 4 porciones
20 minutos
30 minutos
2

SALSA

- $\frac{1}{2}$ taza (125 ml) + 2 cucharadas de agua
- $1\frac{1}{2}$ cucharada de pasta de tamarindo
- 1 trozo (2.5 cm/1 in) de jengibre sin piel y finamente rebanado
- 1 diente de ajo, rebanado
- 1 tallo de lemongrass, solamente la parte blanca, finamente picado
- 2 tazas (300 g) de piloncillo, toscamente rallado, o azúcar morena
- 2 chiles rojos pequeños, sin semillas y finamente rebanados
- $\frac{1}{3}$ taza (90 ml) de salsa tai de pescado
- 3 cucharadas de jugo de limón verde recién exprimido

PESCADO

- 4 filetes (de aproximadamente 250 g/8 oz cada uno) de pescado blanco firme
- 3 cucharadas de aceite de ajonjolí
- Sal y pimienta negra recién molida
- 2 cebollitas de cambray, finamente rebanadas diagonalmente, para adornar
- 2 chalotes
- Arroz jazmín al vapor, para acompañar

1. **Para preparar la salsa,** mezcle $1/2$ taza (125 ml) de agua, tamarindo, jengibre, ajo y lemongrass en una olla pequeña sobre fuego medio-bajo y hierva lentamente durante 15 minutos. Retire del fuego y cuele a través de un colador de malla fina, desechando los sólidos. Reserve.
2. **Mezcle** el piloncillo o azúcar con las 2 cucharadas de agua restantes en una sartén mediana sobre fuego medio-bajo y hierva lentamente durante 4 ó 5 minutos, hasta que empiece a caramelizarse. Integre el chile y cocine durante un minuto. Agregue el líquido colado, la salsa de pescado y el jugo de limón. Lleve a ebullición y cuando suelte el hervor reduzca el fuego y hierva a fuego lento durante 5 minutos, hasta que esté ligeramente espesa y brillante.
3. **Para preparar el pescado,** precaliente una sartén grande sobre fuego medio-alto. Rocíe el pescado con 2 cucharadas de aceite y sazone con sal y pimienta. Cocine durante 2 ó 3 minutos de cada lado, hasta que las hojuelas de pescado se desmenucen fácilmente.
4. **Caliente** la cucharada restante de aceite en una sartén pequeña y fría los chalotes durante 4 ó 5 minutos, hasta dorar ligeramente.
5. **Cubra** el pescado con la salsa. Adorne con las cebollitas de cambray y los chalotes fritos. Acompañe con arroz al vapor.

atún sellado con corteza de ajonjolí y wasabe

El wasabe es un tipo de rábano picante que solamente se cosecha en Japón. El wasabe en polvo tiene un sabor fuerte a hierbas y es ligeramente más picante que el rábano picante (horseradish). El wasabe en polvo es un buen sustituto para los chiles.

Rinde 4 porciones
25 minutos
5-10 minutos
1

MEZCLA DE ESPECIAS

- 2 cucharadas de semillas de cilantro
- 1 cucharada de granos de pimienta negra
- 2 cucharaditas de sal
- ½ cucharadita de hojuelas de chile rojo o chiles secos desmenuzados
- 2 cucharadas de semillas de ajonjolí
- 1 cucharada de semillas negras de ajonjolí
- ½ cucharadita de wasabe en polvo

ATÚN

- 4 filetes de atún (de aproximadamente 150 g/5 oz cada uno)
- 1 manojo de brócoli, cortado en trozos de 8 cm (3 in)
- 1 col china (bok choy), sin las hojas exteriores, partida longitudinalmente a la mitad
- 1 cucharada de aceite de ajonjolí
- 2 cucharadas de jengibre en salmuera
- 2 Sal y pimienta negra recién molida
- Salsa de soya, para acompañar

1. **Para preparar la mezcla de especias,** mezcle las semillas de cilantro, granos de pimienta, sal y hojuelas de chile rojo en un mortero o en un molino para especias y machaque hasta moler toscamente. Pase a un tazón pequeño e integre las semillas de ajonjolí y el polvo de wasabe.
2. **Para preparar el atún,** cubra los filetes de atún con la mezcla de especias. Reserve.
3. **Hierva** agua en una olla grande. Agregue el brócoli y cocine durante un minuto, añada la col china y cocine durante 2 ó 3 minutos, hasta que las verduras estén suaves pero todavía crujientes. Escurra y pase a un tazón grande. Agregue una cucharada de aceite de ajonjolí, el jugo de limón, jengibre en salmuera y mezcle hasta integrar por completo. Sazone con sal y pimienta.
4. **Caliente** la cucharada restante de aceite en una sartén grande sobre fuego medio-alto. Selle los filetes de atún durante 1 ó 2 minutos de cada lado, hasta obtener el término deseado. Sirva caliente acompañando con las verduras y salsa de soya.

Si le gustó esta receta, también le gustarán:

pescado al chile tai con brócoli

pescado cajún

pescado cajún

Este platillo es ideal si usted sigue una dieta para adelgazar baja en carbohidratos.

De 4 a 6 porciones

15 minutos

5 minutos

1

MEZCLA DE ESPECIAS

- 2 cucharadas de páprika dulce
- 1 cucharadita de pimienta de cayena
- 1 cucharadita de cúrcuma molida
- 1 cucharadita de orégano seco
- 1 cucharadita de tomillo seco
- ½ cucharadita de pimienta negra recién molida
- ⅓ cucharadita de nuez moscada molida
- 1 cucharadita de azúcar superfina (caster)
- 1 cucharadita de sal

ENSALADA

- 2 tazas (100 g) de hojas de espinaca pequeña
- 5 gramos (5 oz) de jitomates cereza, partidos a la mitad
- 1 cebolla morada pequeña, finamente picada
- 2 cucharadas de aceite de oliva extra virgen
- 2 cucharadas de jugo de limón amarillo recién exprimido
- ½ cucharadita de mostaza Dijon

PESCADO

- 3 cucharadas de aceite de oliva extra virgen
- 4 filetes de pescado blanco firme como el huachinango, bacalao, halibut, merlán o rape (aproximadamente 250 g/8 oz cada uno)
- 1 limón amarillo, cortado en rebanadas, para acompañar

1. **Para preparar la mezcla de especias,** mezcle la páprika, pimienta de cayena, cúrcuma, orégano, tomillo, pimienta negra, nuez moscada, azúcar y sal en un tazón pequeño y reserve.
2. **Para preparar la ensalada,** mezcle las espinacas, jitomates y cebolla en un tazón mediano y reserve. Bata el aceite, jugo de limón y mostaza en un tazón pequeño. Vierta el aderezo sobre la ensalada y mezcle para integrar. Reserve.
3. **Para preparar el pescado,** precaliente una sartén grande sobre fuego medio-alto.
4. **Barnice** el pescado con el aceite y cubra con la mezcla de especias. Cocine alrededor de 2 minutos de cada lado, hasta que empiece a ponerse negro y la carne del pescado se pueda desmenuzar fácilmente.
5. **Sirva caliente** acompañando con la ensalada y las rebanadas de limón.

Si le gustó esta receta, también le gustarán:

pescado harissa con ensalada de papas al cilantro

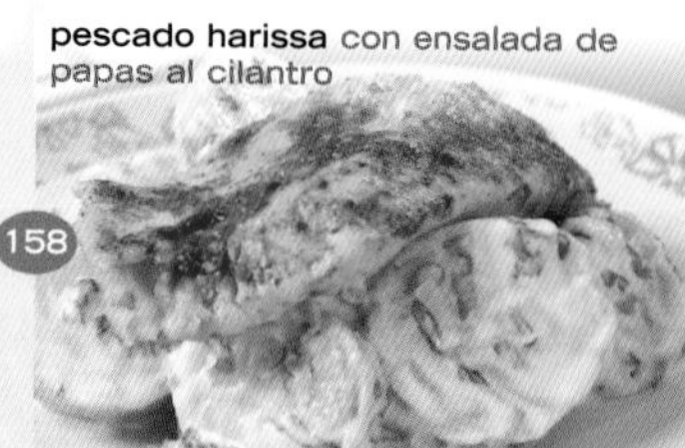

158

atún sellado con corteza de ajonjolí y wasabe

170

pollo cajún con limón amarillo tatemado

192

pescado entero al horno con salsa de chile y mango

Ligero, saludable, fácil de preparar y delicioso, este platillo es ideal en todos los sentidos. Lo puede servir para una comida familiar pero también es un platillo práctico y lucidor para servir a invitados.

Rinde 4 porciones

20 minutos

15-20 minutos

1

PESCADO

- 2 cucharadas de semillas de cilantro
- 1 cucharada de semillas de comino
- 2 cucharaditas de páprika dulce
- ½ cucharadita de granos de pimienta negra
- 2 cucharadas de aceite vegetal
- 1 huachinango entero (de aproximadamente 2 kg/4 lb) o algún otro pescado blanco firme, limpio
- Sal

SALSA DE CHILE Y MANGO

- 1 mango maduro, sin piel ni hueso y partido en cubos
- 1 pimiento (capsicum) rojo, sin semillas y finamente rebanado a lo largo
- 1 taza (50 g) de germinado de soya
- 2 cebollitas de cambray, finamente rebanadas
- 2 cucharadas de cacahuates, asados y toscamente picados
- 2 chiles rojos pequeños, sin semillas y finamente picados
- 1 cucharada de cilantro fresco, finamente picado
- 1 cucharada de menta fresca, finamente picada
- 2 cucharadas de jugo de limón amarillo recién exprimido
- 2 cucharaditas de aceite de ajonjolí
- 1 cucharadita de piloncillo, toscamente rallado, o azúcar morena

1. **Precaliente** el horno a 200°C (400°F/gas 6).
2. **Para preparar el pescado,** haga dos cortes en la parte más gruesa del pescado (cerca de la cabeza) para asegurar una cocción uniforme.
3. **Saltee en seco** las semillas de cilantro y comino, la páprika y granos de pimienta en una sartén pequeña sobre fuego medio alrededor de 30 segundos, hasta que aromaticen. Pase a un mortero o un molino para especias y muela hasta obtener un polvo grueso.
4. **Integre** la mezcla de especias con el aceite en un tazón grande. Agregue el pescado y, mezcle para cubrir. Sazone con sal.
5. **Coloque** el pescado sobre un trozo grande de papel de aluminio y doble para cubrirlo. Hornee de 15 a 20 minutos, hasta que la carne del pescado se pueda desmenuzar fácilmente.
6. **Para preparar la salsa,** mezcle el mango, pimiento, germinado de soya, cebollitas de cambray, cacahuates, chiles, cilantro y menta en un tazón mediano. En otro tazón bata el jugo de limón con el aceite y el piloncillo o azúcar. Vierta el líquido sobre la mezcla de mango y mezcle para cubrir.
7. **Sirva** el pescado caliente cubriendo su superficie con la salsa de chile y mango.

pescado entero picante en fritura profunda

El huachinango es uno de los mejores pescados de carne blanca. Es carnoso y tiene una piel deliciosa que lo hace ideal para servirlo entero.

Rinde 2 porciones

20 minutos

15 minutos

2

SALSA

- 2 cucharadas de aceite de cacahuate
- 3 dientes de ajo, finamente picados
- 1 pieza de 2 cm (¾ in) de galangal o jengibre, finamente rebanado
- 2 chiles rojos pequeños, sin semillas y finamente picados
- ¼ taza (60 ml) de agua
- 2 cucharadas de azúcar de palma, finamente rallada o azúcar morena
- 1½ cucharada de salsa tai de pescado
- 1 cucharada de jugo de limón amarillo recién exprimido
- ½ cucharada de pasta de tamarindo

PESCADO

- 4 tazas (1 litro) de aceite vegetal, para fritura profunda
- 1 huachinango entero (de aproximadamente 750 g/ 1½ lb) o algún otro pescado blanco firme, limpio y sin escamas
- Fécula de maíz (maicena), para espolvorear
- ¼ taza (15 g) de hojas de cilantro fresco

1. **Para preparar la salsa,** caliente el aceite de cacahuate en una sartén pequeña sobre fuego medio bajo. Agregue el ajo, galangal y chiles y saltee de 3 a 4 minutos, hasta que estén suaves. Agregue el agua, azúcar de palma, salsa de pescado, jugo de limón y la pasta de tamarindo, caliente moviendo ocasionalmente hasta que el azúcar se haya disuelto. Aumente el fuego, hierva alrededor de 2 minutos, hasta que haya espesado ligeramente. Tape y reserve.
2. **Para preparar el pescado,** vierta el aceite en un wok grande sobre fuego medio y caliente a 190°C (365°F/gas 5). Si no tiene un termómetro para fritura profunda, pruebe la temperatura colocando un trozo de pan en el aceite caliente. Si el pan burbujea inmediatamente, sale a la superficie y empieza a ponerse dorado, el aceite estará listo.
3. **Seque** el pescado con toallas de papel, espolvoree generosamente con fécula de maíz.
4. **Fría en profundidad** durante 3 ó 4 minutos de cada lado, hasta que esté crujiente y completamente cocido. Saque del aceite, escurra sobre el wok y coloque en un plato de servicio.
5. **Recaliente** la salsa y vierta sobre el pescado. Espolvoree con el cilantro y sirva caliente.

Si le gustó esta receta, también le gustarán:

trucha de mar estilo bengalí

160

pescado tai con salsa de caramelo

168

pescado entero al horno con salsa de chile y mango

174

Aves y Carnes

hamburguesas de pollo masala

Estas hamburguesas de pollo son un almuerzo o tentempié saludable para la familia y son especialmente recomendadas para aquellos fines de semana atareados que todo el mundo anda a las carreras. Sólo ponga el pollo en el refrigerador desde el día anterior y cocine y sirva en el momento deseado.

Rinde 4 porciones

10 minutos

12 horas

5–10 minutos

1

POLLO MASALA

- 2 cucharadas de aceite de oliva extra virgen
- 1 cucharada de jugo recién exprimido de limón amarillo
- 1 cucharada de semillas de cilantro molidas
- ½ cucharada de comino molido
- 2 cucharaditas de pimienta negra recién molida
- ½ cucharadita de cardamomo molido
- ½ cucharadita de canela molida
- ¼ cucharadita de sal
- ¼ cucharadita de clavos de olor molidos
- 4 filetes de muslo de pollo sin piel

RAITA DE CEBOLLA Y MENTA

- 1 taza (250 g) de yogurt simple
- 1 cebolla morada pequeña, finamente rebanada
- 1 cucharada de jugo de limón amarillo recién exprimido
- 1 cucharada de menta fresca, finamente picada
- ¼ cucharadita de comino molido
- Sal

HAMBURGUESAS

- 4 bollos para hamburguesa, partidos a la mitad
- 2 cucharadas de mantequilla
- Hojas de lechuga, para acompañar
- 1 jitomate grande, rebanado
- ½ pepino pequeño, finamente rebanado

1. **Para preparar el pollo masala,** mezcle el aceite, jugo de limón, semillas de cilantro, comino, pimienta, cardamomo, canela, sal y clavos de olor en un tazón mediano. Agregue el pollo y mezcle para cubrir. Tape y refrigere durante 12 horas.
2. **Para preparar la raita,** mezcle todos los ingredientes en un tazón pequeño hasta integrar.
3. **Precaliente** una sartén grande sobre fuego medio-alto. Cocine el pollo de 3 a 5 minutos de cada lado, hasta que esté dorado y cocido por completo.
4. **Para armar las hamburguesas,** engrase los bollos con mantequilla y cubra las bases con lechuga, jitomate y pepino. Coloque el pollo sobre las verduras y usando una cuchara, cubra con un poco de raita y tape con la parte superior del bollo. Sirva caliente.

Si a usted le gustó esta receta, también le gustarán:

quesadillas de pollo y elote

64

pollo marinado estilo tex-mex

68

hamburguesas picantes de carne de res

182

hamburguesas picantes de carne de res

Un almuerzo o tentempié ligero que se puede preparar con rapidez. Use bollos para hamburguesa integrales para aumentar la cantidad de fibra y sabor.

Rinde 4 porciones
15 minutos
10–15 minutos
1

HAMBURGUESAS PICANTES DE CARNE DE RES

- 4 cucharadas (60 ml) de aceite de oliva extra virgen
- 1 cebolla pequeña, toscamente picada
- 2 dientes de ajo, finamente picados
- 2 chiles rojos pequeños, sin semillas y finamente picados
- 1 cucharada de páprika picante
- 2 cucharaditas de comino molido
- 1 cucharadita de cúrcuma molida
- 1 cucharadita de sal
- 1/2 cucharadita de pimienta negra recién molida
- 1/4 cucharadita de chile en polvo
- 600 gramos (1 1/4 lb) de carne de res molida (o finamente picada)
- 3/4 taza (45 g) de migas de pan fresco
- 3 cucharadas de perejil fresco, finamente picado
- 1 huevo grande, ligeramente batido

PARA ACOMPAÑAR

- 4 rebanadas de queso cheddar
- 4 bollos para hamburguesa, partidos a la mitad
- 2 cucharadas de mantequilla
- Lechuga, separada en hojas
- 1 jitomate grande, rebanado
- 1 cebolla morada pequeña, finamente rebanada
- Salsa barbecue

1. **Para preparar las hamburguesas picantes de carne de res,** caliente 2 cucharadas de aceite en una sartén mediana sobre fuego medio-bajo. Agregue la cebolla, ajo y chiles y saltee durante 3 ó 4 minutos, hasta suavizar. Agregue la páprika, comino, cúrcuma, sal, pimienta y chile en polvo y cocine hasta que aromaticen, alrededor de 30 segundos. Retire del fuego y reserve para dejar enfriar.
2. **Coloque** la carne de res, migas de pan, perejil, huevo y mezcla de cebolla con especias en un procesador de alimentos. Procese hasta integrar. Pase la mezcla a un tazón grande y, usando sus manos haga cuatro hamburguesas planas del mismo tamaño.
3. **Precaliente** una sartén grande sobre fuego medio-alto. Rocíe las hamburguesas con las 2 cucharadas de aceite y cocine al mismo tiempo de dos en dos durante 2 ó 3 minutos de cada lado hasta dorar y cocer a su gusto. Coloque una rebanada de queso sobre cada hamburguesa y deje que se derrita ligeramente.
4. **Para servir** las hamburguesas, engrase los bollos con mantequilla y tape la base con lechuga en trozos, jitomate y cebolla. Coloque la carne de las hamburguesas sobre las verduras, unte con salsa barbecue y tape con la parte superior del bollo. Sirva caliente.

pollo sichuan

Una comida ligera y saludable que se puede preparar en menos de 30 minutos.

De 4 a 6 porciones

15 minutos

20–25 minutos

1

- 3 cucharadas de aceite vegetal
- 800 gramos ($1\frac{3}{4}$ lb) de filetes de muslo de pollo, partidos a la mitad
- 1 diente de ajo, finamente picado
- 2 cucharaditas de jengibre fresco, finamente rallado
- 1 cucharadita de granos de pimienta Sichuan, finamente triturados
- 1 cucharadita de sambal oelek o salsa harissa (vea página 30)
- ½ taza (125 ml) de caldo de pollo (vea página 104)
- 3 cucharadas salsa de soya
- 1 cucharada de vinagre de arroz chino
- ½ cucharada azúcar
- ¼ cucharadita hojuelas de chile rojo
- Arroz basmati cocido al vapor, para acompañar
- 2 manojos de brócoli chino o brócoli común, cocido al vapor, para acompañar

1. **Precaliente** un wok grande sobre fuego alto. Cubra el pollo con 2 cucharadas del aceite y saltee durante 2 ó 3 minutos de cada lado, hasta dorar. Retire del wok y reserve.
2. **Reduzca** el fuego a medio-bajo y agregue la cucharada restante de aceite al wok. Fría el ajo y el jengibre alrededor de 2 minutos, hasta suavizar. Agregue los granos de pimienta y el sambal oelek y fría alrededor de 30 segundos, hasta que aromatice. Vuelva a colocar el pollo en el wok y mezcle para cubrir.
3. **Agregue** el caldo de pollo, salsa de soya, vinagre de arroz, azúcar y hojuelas de chile rojo. Hierva a fuego lento de 10 a 15 minutos, mezclando ocasionalmente, hasta que el pollo esté totalmente cocido.
4. **Sirva caliente** acompañando con el arroz y el brócoli.

Si a usted le gustó esta receta, también le gustarán:

pollo a la parrilla con salsa mexicana 186

pollo piri piri 188

pollo en mole 190

pollo a la parrilla con salsa mexicana

- Rinde 4 porciones
- 20 minutos
- 12 horas
- 15–20 minutos
- 1

POLLO

8 muslos de pollo
2 cucharadas de aceite de oliva extra virgen
1 diente de ajo, finamente picado
1 cucharada de páprika dulce
2 cucharaditas de comino molido
1 cucharadita de chile en polvo
Sal y pimienta negra recién molida
Crema ácida, para acompañar

SALSA

2 mazorcas de elote amarillo (elote dulce), sin hojas
2 cucharaditas de aceite de oliva extra virgen + el necesario para barnizar
1 jitomate grande, partido en dados
1 aguacate, partido a la mitad, sin hueso y partido en dados
½ cebolla morada pequeña, partida en dados
½ taza (25 g) de hojas de cilantro fresco
1 chile rojo pequeño, finamente picado
2 cucharadas de jugo de limón verde recién exprimido

1. **Para preparar el pollo,** marque los muslos, haciendo algunos cortes profundos con ayuda de un cuchillo filoso. Mezcle el aceite, ajo, páprika, comino y chile en polvo en un tazón mediano. Agregue el pollo y mezcle para cubrir. Sazone con sal y pimienta. Tape y refrigere durante toda la noche para marinar.
2. **Precaliente** una parrilla para asar al carbón a fuego medio-alto.
3. **Para preparar la salsa,** barnice los elotes con el aceite y cocine sobre la parrilla de 5 a 8 minutos, volteando ocasionalmente, hasta que estén ligeramente quemados. Retire del fuego y reserve. Coloque las mazorcas de elote en posición vertical y, usando un cuchillo filoso, corte los granos de elote de las mazorcas con movimiento descendente.
4. **Coloque** los granos de elote en un tazón mediano. Integre el jitomate, aguacate, cebolla, cilantro, chile, jugo de limón amarillo y 2 cucharaditas de aceite restante. Sazone con sal y pimienta.
5. **Reduzca** el fuego a medio y cocine los muslos de 8 a 10 minutos, volteando ocasionalmente, hasta dorar perfectamente y cocer por completo.
6. **Sirva calientes** acompañando con la salsa mexicana y crema ácida a un lado.

pollo piri piri

Éste es un platillo portugués que se desarrolló originalmente en Mozambique (una antigua colonia de Portugal), en donde se cultivan los chiles piri piri. Use cualquier tipo de chile rojo pequeño y muy picante.

Rinde 4 porciones
30 minutos
4–12 horas
20–25 minutos
2

MARINADA

½ taza (125 ml) de aceite de oliva extra virgen
⅓ taza (90 ml) de jugo recién exprimido de limón amarillo
6 chiles rojos pequeños
3 dientes de ajo, toscamente picados
1 cucharada de jengibre fresco, toscamente picado
1 cucharadita de páprika dulce
1 cucharadita de sal
4 cucharadas de perejil fresco, finamente picado

POLLO

1 pollo, de aproximadamente 1.5 kg (3 lb)
Hortalizas verdes para ensalada, para acompañar
Rebanadas de limón amarillo, para acompañar

1. **Para preparar la marinada,** mezcle el aceite, jugo de limón, chiles, ajo, jengibre, páprika y sal en una olla pequeña sobre fuego medio-bajo y lleve a ebullición. Hierva a fuego lento durante 2 minutos. Retire del fuego y reserve para que se enfríe ligeramente. Vierta la marinada en un procesador de alimentos y mezcle hasta obtener una mezcla tersa. Pase a un tazón grande e integre el perejil.
2. **Para preparar el pollo,** coloque el pollo con la pechuga hacia abajo sobre una tabla para picar limpia. Retire la columna vertebral usando un cuchillo filoso o tijeras para cocina. Lave bajo el chorro de agua fría y seque con toallas de papel. Extienda el pollo dejándolo totalmente plano. Inserte dos pinchos de metal para brocheta empezando por la parte más gruesa de la pechuga hasta llegar a los muslos. Esto hará que el pollo permanezca extendido. Marque el pollo en la parte más gruesa de las patas, para asegurar una cocción más uniforme.
3. **Cubra** el pollo con la marinada, tape y refrigere por lo menos durante 4 horas o durante toda la noche.
4. **Precaliente** una parrilla para asar al carbón a fuego medio. Cocine el pollo de 15 a 20 minutos, hasta que los jugos salgan limpios cuando se pique la parte más gruesa del muslo. Barnice el pollo con la marinada mientras se cocina para mantenerlo húmedo.
5. **Retire** los pinchos para brocheta y sirva caliente acompañando con las hortalizas para ensalada y rebanadas de limón.

Si a usted le gustó esta receta, también le gustarán:

hamburguesas de pollo masala

pollo a la parrilla con salsa mexicana

pollo cajún con limón amarillo tatemado

pollo en mole

Éste es un platillo mexicano clásico que toma su nombre de la palabra "mulli" del náhuatl que significa molienda. También se puede hacer con pavo.

De 4 a 6 porciones
20 minutos
15 minutos
40–45 minutos

2

- 3 chiles chipotles secos grandes, sin semillas y toscamente picados
- 4 tazas (1 litro) de caldo de pollo (vea página 104)
- 1 cebolla, toscamente picada
- 3 dientes de ajo, picados
- 1 cucharadita de páprika ahumada
- ½ cucharadita de comino molido
- ½ cucharadita de pimienta de jamaica o especia para pay de calabaza
- ¼ cucharadita de canela molida
- ¼ cucharadita de clavos de olor molidos
- 2 tazas (400 g) de jitomates de lata, con su jugo
- 2 cucharadas de aceite de oliva extra virgen
- 1.5 kilogramos (3 lb) de piezas de pollo
- 30 gramos (1 oz) de chocolate oscuro o estilo mexicano
- Sal y pimienta recién molida
- Tortillas, para acompañar
- Hojas de cilantro, para adornar

1. **Coloque** los chiles y 1 taza (250 ml) de caldo de pollo en una olla pequeña sobre fuego alto y lleve a ebullición. Retire del fuego y deje remojar durante 15 minutos. Retire los chiles y reserve el caldo.
2. **Mezcle** los chiles, cebolla, ajo, páprika, comino, pimienta de jamaica, canela y clavos de olor en un procesador de alimentos y mezcle hasta obtener una pasta tersa. Agregue los jitomates y mezcle durante 30 segundos, hasta obtener una mezcla tersa. Añada gradualmente 1 taza (250 ml) del caldo reservado. Cuele la mezcla a través de un colador de malla fina, desechando los sólidos.
3. **Caliente** el aceite en una olla grande sobre fuego alto. Agregue la mezcla de especias y lleve a ebullición. Hierva a fuego lento durante 5 minutos.
4. **Agregue** las 3 tazas (750 ml) restantes de caldo y vuelva a llevar a ebullición. Reduzca el fuego a bajo, agregue el pollo y el chocolate y hierva a fuego lento de 20 a 25 minutos, hasta que el pollo esté cocido.
5. **Retire** el pollo de la sartén, pase a un plato, tape y mantenga caliente. Aumente el fuego a medio-alto y hierva rápidamente, mezclando ocasionalmente, hasta que la salsa se espese y tenga una consistencia que pueda cubrir al pollo. Vuelva a colocar el pollo en la sartén para calentar por completo. Sazone con sal y pimienta.
6. **Adorne** con el cilantro y sirva caliente acompañando con tortillas.

pollo cajún
con limón amarillo tatemado

El pollo también se puede cocer sobre una parrilla para asar al carbón o una sartén para asar caliente.

Rinde 4 porciones
10 minutos
5–10 minutos
1

MEZCLA DE ESPECIAS
- 2 cucharadas de aceite vegetal
- 1 cucharada de jugo de limón amarillo recién exprimido
- 1 cucharada de orégano seco
- 1 cucharada de tomillo seco
- 1 cucharada de páprika dulce
- 1 cucharada de ajo en polvo
- 1 cucharadita de pimienta de cayena
- 1 cucharadita de pimienta negra recién molida
- ½ cucharadita de comino molido
- ½ cucharadita de sal

PARA SERVIR
- 4 mitades de pechuga de pollo, deshuesadas y sin piel
- 2 limones amarillos, partidos a la mitad
- Mezcla de hortalizas verdes para ensalada, para acompañar

1. **Para preparar la mezcla de especias,** revuelva en un tazón pequeño el aceite, jugo de limón, orégano, tomillo, páprika, ajo en polvo, pimienta de cayena, pimienta negra, comino y sal.
2. **Precaliente** una sartén grande sobre fuego medio-alto. Cubra las pechugas de pollo con la mezcla de especias. Cocine de 5 a 10 minutos, hasta que se tatemen y cuezan por completo.
3. **Mientras tanto,** precaliente una sartén pequeña sobre fuego medio-alto. Cocine los limones amarillos durante 1 ó 2 minutos, con la parte de la pulpa hacia abajo, hasta que se tatemen.
4. **Sirva caliente** acompañando con las hortalizas para ensalada y los limones amarillos.

Si a usted le gustó esta receta, también le gustarán:

alas de pollo con chile rojo

ensalada de pollo cajún

pescado cajún

pollo marroquí relleno con vermicelli

El pollo es una buena fuente de proteína, niacina, selenio y vitamina B6. Es bajo en grasa y fácil de preparar. Esta receta de Marruecos incluye un delicioso relleno de mezcla de especias.

Rinde 4 porciones
25 minutos
5 minutos
1 1/2 hora

2

RELLENO

- 100 gramos (3½ oz) de tallarines vermicelli de arroz
- 2 cucharadas de aceite de oliva extra virgen
- 2 dientes de ajo, finamente picados
- 2 cucharaditas de jengibre molido
- 2 cucharaditas de comino molido
- 1 cucharadita de cúrcuma molida
- ½ cucharadita de pimienta de cayena
- 2 cucharadas de perejil fresco, finamente picado
- 2 cucharadas de cilantro fresco, finamente picado

POLLO

- 1 pollo, de aproximadamente 1.5 kg (3 lb)
- 3 cucharadas de aceite de oliva extra virgen
- 2 dientes de ajo, finamente picados
- 1 cucharadita de jengibre molido
- ½ cucharadita de cúrcuma molida
- ¼ cucharadita de pimienta de cayena
- Sal y pimienta negra recién molida
- 1 ¼ taza (300 ml) de agua

1. **Precaliente** el horno a 200°C (400°F/gas 6).
2. **Para preparar el relleno,** remoje los tallarines en agua hirviendo alrededor de 5 minutos, hasta suavizar. Escurra, pique toscamente y coloque en un tazón mediano. Agregue el aceite, ajo, jengibre, comino, cúrcuma y pimienta de cayena y mezcle para cubrir. Integre el perejil y el cilantro. Sazone con sal y pimienta.
3. **Para preparar el pollo,** enjuague perfectamente bajo el chorro de agua fría y seque con toallas de papel. Llene la cavidad con el relleno. Cruce las piernas del pollo y ate con hilo de cocina para evitar que el relleno se salga. Coloque el pollo en una charola para asar.
4. **Mezcle** el aceite, ajo, jengibre, cúrcuma y pimienta de cayena en un tazón pequeño y frote sobre el pollo. Sazone con sal y pimienta.
5. **Vierta** el agua en la charola para asar. Tape con papel aluminio y cocine durante 45 minutos. Destape el pollo y vuelva a colocar en el horno para cocinarlo alrededor de 45 minutos más, barnizando ocasionalmente, hasta que cuando se pique la parte más gruesa del muslo del pollo, el jugo salga limpio.
6. **Sirva caliente** o a temperatura ambiente.

chili con carne

Este platillo es ideal para fiestas grandes con los amigos; usted puede duplicar o triplicar los ingredientes y cocinar el chili con anticipación. Si a usted le gusta muy picoso y condimentado, simplemente debe agregar más chiles. Acompañe con papas al horno y tazones pequeños con guacamole, crema ácida y queso rallado.

Rinde 6 porciones
25 minutos
65–70 minutos
1

- **3** cucharadas de aceite de oliva extra virgen
- **2½** cucharaditas de pasta de chile o salsa harissa (vea página 30)
- **1** cebolla grande, sin piel y finamente picada
- **2** dientes de ajo, finamente picados
- **1** chile rojo o verde grande, sin semillas y picado
- **500** gramos (1 lb) de carne de res molida (o finamente picada)
- **½** cucharadita de sal
- **2** cucharadas de vino tinto
- **1** cucharadita de pimienta de cayena u hojuelas de chile rojo
- **2** cucharaditas de páprika dulce ahumada
- **½** cucharadita de semillas de comino
- **1** cucharadita de orégano seco
- **1** cucharadita de albahaca seca
- **1** cucharadita de semillas de cilantro molidas
- **1** raja de canela (de 10 cm/4 in)
- **1** pimiento (capsicum) rojo, sin semillas y toscamente picado
- **4** tazas (800 g) de jitomates picados de lata, con su jugo
- **4** tazas (800 g) de frijoles bayos de lata, drenados
- **2** cucharaditas de salsa inglesa
- **1** cucharada de vinagre balsámico
- **2** cucharadas de puré de jitomate
- **1** taza (250 ml) de agua
- Sal y pimienta negra recién molida
- **2** ramas de tomillo fresco

1. **Caliente** el aceite en una olla grande sobre fuego medio. Agregue 1½ cucharadita de pasta de chile e integre con el aceite durante algunos segundos. Añada la cebolla y saltee durante 3 ó 4 minutos, hasta suavizar. Agregue el ajo y el chile y saltee durante 2 ó 3 minutos.
2. **Agregue** la carne de res y saltee alrededor de 5 minutos, hasta dorar. Agregue la sal y el vino y hierva a fuego lento durante 2 minutos.
3. **Agregue** la pimienta de cayena, páprika, comino, orégano, albahaca, semillas de cilantro, canela y pimiento, revolviendo la mezcla durante 1 ó 2 minutos, hasta integrar por completo.
4. **Agregue** los jitomates y todos los frijoles, salsa inglesa, vinagre balsámico y puré de jitomate, mezclando hasta obtener una salsa roja espesa. Agregue ½ taza (125 ml) de agua.
5. **Eleve** el fuego ligeramente y hierva el chili, mezclando todo el tiempo. Sazone con sal y pimienta. Integre la cucharadita restante de pasta de chile y el tomillo.
6. **Tape parcialmente** la sartén y hierva a fuego lento de 55 a 60 minutos. Mezcle a menudo para evitar que el chili se pegue a la base de la sartén. Agregue el agua restante conforme sea necesario. Pruebe y agregue más sal, pimienta o chile al gusto.
7. **Retire** la raja de canela y ramas de tomillo; sirva caliente.

guisado de carne de res condimentada

Ésta es una deliciosa y reconfortante comida recomendada para servir al final de un largo día de invierno. Acompañe con papas recién cocidas al vapor o hervidas, o con arroz para remojar en el jugo.

De 4 a 6 porciones
20 minutos
50–60 minutos
1

- 3 cucharadas de aceite vegetal
- 1.5 kg (3 lb) de filete para estofar, como el de aguja o paleta, cortado en trozos de 4 cm (1½ in)
- 2 cebollas grandes, toscamente rebanadas
- 2 chiles rojos o verdes frescos picantes, finamente rebanados
- 2 dientes de ajo, finamente picados
- 2 papas medianas, sin piel y cortadas en cubos de 4 cm (1½ in)
- 1 zanahoria grande, cortada en cubos de 2 cm (¾ in)
- 2 tazas (500 ml) de caldo de verduras (vea página 96)
- 3 jitomates grandes, partidos en dados
- ½ col, finamente rebanada
- 1 cucharada de miel de abeja
- ½ taza (25 g) de perejil fresco, finamente picado
- Sal y pimienta negra recién molida

1. **Caliente** 2 cucharadas de aceite en una olla grande y gruesa sobre fuego medio-alto. Agregue la carne de res y saltee durante 3 ó 4 minutos, hasta dorar. Retire de la olla y reserve.
2. **Caliente** la cucharada restante de aceite en la misma olla. Agregue la cebolla, chiles y ajo y saltee durante 3 ó 4 minutos, hasta suavizar. Añada las papas y zanahoria y saltee durante 2 minutos.
3. **Vuelva a colocar** la carne de res en la olla. Agregue el caldo de verduras, jitomates, col y miel de abeja y lleve a ebullición. Hierva a fuego lento de 40 a 50 minutos, hasta que la carne esté suave y las verduras cocidas.
4. **Integre** el perejil y sazone con sal y pimienta. Sirva caliente.

Si a usted le gustó esta receta, también le gustarán:

sopa picante de carne de res
108

carne de res madrás
202

carne de res rendang

Este curry condimentado con coco es originario de Indonesia y Malasia. La carne se cuece lentamente en la salsa hasta que absorbe todo el sabor de las especias.

De 4 a 6 porciones

30 minutos

2 horas

1

PASTA DE ESPECIAS

- 4 chalotes, toscamente picados
- 2 tallos de lemongrass, únicamente la parte blanca, finamente picados
- 4–6 chiles rojos frescos, sin semillas y finamente picados
- 2 dientes de ajo, finamente picados
- 1½ cucharada de aceite vegetal
- 2 cucharaditas de semillas de cilantro molidas
- 2 cucharaditas de comino molido
- ½ cucharadita de hinojo en polvo
- ½ cucharadita de jengibre en polvo
- ¼ cucharadita de clavos de olor molidos

RENDANG

- 3 cucharadas de aceite vegetal
- 1.25 kilogramos (2½ lb) de filete para estofar, como el de aguja o paleta, cortado en cubos de 4 cm (1½ in)
- 1 raja de canela
- 2 tazas (500 ml) de leche de coco en lata
- ¾ taza (180 ml) de agua
- 1½ cucharada de jugo de limón verde recién exprimido
- 1 cucharada de azúcar de palma, finamente rallada, o azúcar morena
- ¼ taza (30 g) de coco rallado (deshidratado), tostado
- Arroz basmati recién cocido, para acompañar

1. **Para preparar la pasta de especias,** pique los chalotes, lemongrass, chiles y ajo en un procesador de alimentos hasta obtener una pasta tersa. Agregue el aceite, cilantro, comino, hinojo, jengibre y clavos de olor y mezcle hasta integrar.
2. **Para preparar el rendang,** caliente el aceite en una olla grande y gruesa sobre fuego medio. Agregue la mezcla de especias y saltee alrededor de un minuto hasta que aromatice. Añada la raja de canela y la carne de res y saltee de 3 a 5 minutos, hasta dorar ligeramente. Integre la leche de coco, agua y jugo de limón amarillo y lleve a ebullición. Integre el azúcar de palma y el coco.
3. **Tape** y hierva a fuego lento alrededor de 2 horas, hasta que la carne esté suave y la salsa se haya reducido y tenga la consistencia de una salsa espesa. Sirva caliente acompañando con el arroz.

Si a usted le gustó esta receta, también le gustarán:

carne de res madrás

202

carne de res vindaloo

204

carne de res satay

206

carne de res madrás

Éste es uno de los muchos currys diferentes de la India. Por lo general es bastante picante y de color rojo debido al chile en polvo y jitomates. Lleva el nombre de la ciudad de Madrás ubicada en el sur de la India conocida ahora por el nombre de Chennai. La salsa de curry Madrás también se puede preparar con pollo o cordero.

De 4 a 6 porciones
30 minutos
4–12 horas
2 horas
1

PASTA DE CURRY

- ½ taza (60 g) de coco rallado (deshidratado)
- 4 dientes de ajo, toscamente picados
- 3 chiles rojos secos, desmoronados
- 2 cucharaditas de jengibre fresco, toscamente rallado
- 1 cucharada de semillas de cilantro molidas
- 1 cucharada de comino molido
- 1 cucharadita de chile en polvo
- 1 cucharadita de canela molida
- ½ cucharadita de granos de pimienta negra
- ¼ cucharadita de cúrcuma molida
- ¼ cucharadita de clavos de olor molidos
- ½ taza (125 ml) de leche de coco (sin el suero)

CURRY

- 2 cucharadas de mantequilla clarificada (ghee) o aceite vegetal
- 2 cebollas, finamente picadas
- 750 gramos (1½ lb) de cuadril de res, cortado en tiras de 6 cm (2½ in)
- 1 cucharada de pasta de jitomate (concentrado)
- 3 jitomate grandes, partidos en dados
- 1 taza (250 ml) de caldo de verduras (vea página 96)
- 6 papas cambray, partidas a la mitad
- 150 gramos (5 oz) de ejotes, partidos a la mitad
- 1 cucharada de jugo de limón amarillo recién exprimido
- Chapattis (pan indio plano), para acompañar

1. **Para preparar la pasta de curry,** mezcle el coco, ajo, chiles, jengibre, cilantro, comino, chile en polvo, canela, granos de pimienta, cúrcuma y clavos de olor en un procesador de alimentos y muela hasta obtener un polvo grueso. Agregue gradualmente la leche de coco, mezclando hasta obtener una pasta tersa.
2. **Pase** la pasta de especias a un tazón grande. Agregue la carne de res y mezcle para cubrir. Tape y refrigere durante 4 horas o durante toda la noche para marinar.
3. **Para preparar el curry,** caliente la mantequilla clarificada en una olla gruesa sobre fuego medio-bajo. Agregue las cebollas y saltee durante 3 ó 4 minutos, hasta suavizar. Añada la carne de res con la pasta de curry y cocine alrededor de 5 minutos, mezclando ocasionalmente, hasta que se dore y aromatice. Agregue la pasta de jitomate, jitomates y caldo de verduras y lleve a ebullición. Reduzca el fuego a bajo, agregue las papas, tape y hierva a fuego lento durante 1 hora 15 minutos.
4. **Integre** los ejotes y jugo de limón y hierva a fuego lento alrededor de 20 minutos, hasta que los ejotes y la carne estén suaves. Destape y hierva a fuego lento de 5 a 10 minutos, hasta que la salsa se espese. Sirva caliente acompañando con los chapattis.

carne de res vindaloo

Vindaloo es una salsa de curry de Goa, ubicada en la costa oeste de la India. Su nombre proviene de la carne portuguesa de *vinha d'alhos,* un platillo hecho con carne de puerco y ajo. Goa fue una colonia portuguesa durante muchos años, por lo que esta receta es una adaptación india de un platillo portugués.

Rinde 4 porciones

30 minutos

4–12 horas

70–100 minutos

1

PASTA DE CURRY

- 4 chiles rojos secos, desmoronados
- 2 cucharaditas de semillas de comino
- 2 cucharaditas de semillas de cardamomo
- 1 raja de canela, troceada
- 1 cucharadita de granos de pimienta negra
- ½ cucharadita de clavos de olor
- ½ cucharadita de semillas de fenogreco
- ½ cucharadita de cúrcuma molida
- ½ cucharadita de semillas de cilantro molidasr
- ⅓ taza (90 ml) de vinagre de vino blanco
- 1 cucharadita de azúcar de palma, toscamente rallada, o azúcar morena

CURRY

- 1 kilogramo (2 lb) de carne de res para cocido, cortada en cubos de 2.5 cm (1 in)
- 3 cucharadas de mantequilla clarificada (ghee) o aceite vegetal
- 2 cebollas medianas, ralladas
- 6 dientes de ajo, finamente picados
- 1 cucharadita de jengibre fresco, finamente rallado
- 2 jitomates, toscamente picados
- 1 taza (250 ml) de caldo de verduras (vea página 96)
- Arroz basmati cocido al vapor, para acompañar

1. **Para preparar la pasta de curry,** mezcle los chiles, comino, cardamomo, canela, granos de pimienta, clavos de olor, fenogreco, cúrcuma y semillas de cilantro en un mortero con su mano, molcajete o molino de especias y mezcle hasta obtener un polvo fino. Pase a un tazón grande e integre el vinagre y el azúcar.
2. **Agregue** la carne de res a la pasta de especias y mezcle para cubrir. Tape y refrigere durante 4 horas o durante toda la noche para marinar.
3. **Caliente** la mantequilla clarificada o aceite en una sartén gruesa sobre fuego medio-bajo. Agregue la cebolla, ajo y jengibre y saltee durante 3 ó 4 minutos, hasta suavizar. Añada la carne de res y pasta de especias y saltee alrededor de 5 minutos sobre fuego medio-alto, hasta dorar. Agregue el jitomate y el caldo y lleve a ebullición. Tape y hierva a fuego lento de 60 a 90 minutos, hasta que la carne esté suave. Sirva caliente acompañando con el arroz.

Si a usted le gustó esta receta, también le gustarán:

guisado de carne de res condimentada

198

carne de res rendang

200

carne de res madrás

202

carne de res satay

Satay es un platillo de carne asada que se sirve acompañado con una salsa (a menudo una salsa picante de cacahuate) que originalmente proviene de Java, en Indonesia.

Rinde 6 porciones
30 minutos
25 minutos

1

SALSA SATAY

1 cucharada de aceite de cacahuate
4 dientes de ajo, finamente picados
2 chiles rojos pequeños, sin semillas y finamente picados
1 cucharada de jengibre fresco, finamente rallado
1 cucharadita de páprika dulce
1/2 cucharadita de pimienta de cayena
1 taza (250 g) de crema de cacahuate con trocitos
2 tazas (400 ml) de leche de coco en lata
1/4 taza (50 g) compacta de azúcar mascabado
1/4 taza (60 ml) de jugo de limón verde recién exprimido, colado
2 cucharadas de salsa de pescado tai
1 cucharada de salsa de soya

CARNE DE RES CONDIMENTADA

2 cucharadas de aceite de cacahuate
1 cebolla grande, finamente rebanada
1 pimiento (capsicum) rojo, sin semillas y longitudinalmente rebanado
1 pimiento (capsicum) verde, sin semillas y longitudinalmente rebanado
2 chiles rojos largos, sin semillas y finamente rebanados
750 gramos (1 1/2 lb) de filete de cuadril de res, cortado en tiras de 6 cm (2 1/2 in)
Arroz jazmín cocido al vapor, para acompañar
2 cebollitas de cambray, finamente rebanadas a lo largo, para adornar

1. **Para preparar la salsa satay,** caliente el aceite en una olla mediana sobre fuego medio-bajo. Agregue el ajo, chiles y jengibre y saltee alrededor de 5 minutos, hasta suavizar.
2. **Integre** la páprika, pimienta de cayena, crema de cacahuate, leche de coco y azúcar y lleve a ebullición. Reduzca el fuego, vierta el jugo de limón verde, salsa de pescado y salsa de soya y hierva a fuego lento alrededor de 10 minutos, hasta que espese. Mantenga caliente mientras prepara la carne de res.
3. **Para preparar la carne de res condimentada,** caliente el aceite en un wok o sartén grande sobre fuego medio-alto. Agregue la cebolla, pimientos y chile y saltee alrededor de 5 minutos, hasta suavizar. Añada la carne de res y saltee alrededor de 5 minutos, hasta dorar y cocer por completo.
4. **Sirva** la carne de res caliente acompañando con el arroz y cubriendo la superficie con una cucharada de salsa satay. Adorne con las cebollitas de cambray.

curry verde de carne de puerco con tallarín

Sustituya la carne de puerco por carne de cordero o de res si lo prefiere.

Rinde 4 porciones
15 minutos
15–20 minutos
1

- 1 cucharada de aceite de girasol
- 400 gramos (14 oz) de filete de puerco, cortado en tiras delgadas
- 2 cucharadas de pasta tai de curry verde
- 1 trozo (3 cm/ 1¼ in) de jengibre fresco, sin piel y finamente rebanado
- 1 chile rojo suave pequeño, sin semillas y finamente rebanado
- 1⅔ taza (400 ml) de leche de coco
- ⅓ taza (100 ml) de agua
- 100 gramos (3 oz) de elotes miniatura (elote dulce), partidos a la mitad
- 125 gramos (4 oz) de tallarín de huevo
- 125 gramos (4 oz) de chícharos nieve (mangetout), partidos a la mitad
- 200 gramos (7 oz) de brotes de bambú de lata, drenados
- 3 cebollitas de cambray, limpias y toscamente rebanadas
- ½ taza (25 g) de cilantro fresco, toscamente picado

1. **Caliente** el aceite en un wok sobre fuego alto y agregue la carne de puerco. Fría de 6 a 8 minutos, hasta dorar uniformemente por todos lados.
2. **Empuje** la carne a un lado, disminuya el fuego e integre la pasta de curry, jengibre y chile. Fría alrededor de un minuto, hasta incorporar. Agregue gradualmente la leche de coco, integrando con la carne.
3. **Agregue** el agua, mezcle hasta integrar por completo y lleve a ebullición. Reduzca el fuego para que hierva lentamente y agregue los elotes. Hierva a fuego lento durante 5 minutos.
4. **Mientras tanto**, cocine el tallarín en agua hirviendo de 2 a 4 minutos, siguiendo las instrucciones del paquete. Escurra.
5. **Agregue** el tallarín al wok con los chícharos, brotes de bambú y cebollitas de cambray. Mezcle hasta integrar por completo y fría durante 1 ó 2 minutos, hasta calentar por completo.
6. **Adorne** con el cilantro y sirva caliente.

Si a usted le gustó esta receta, también le gustarán:

sopa agri-picante estilo tai

90

laksa de mariscos

106

curry tai rojo de verduras

234

curry de puerco kerala

Kerala es un estado al suroeste de la India. Tiene un litoral muy largo, el cual ha sido visitado por muchas personas de la zona del Mediterráneo, Europa y Arabia durante muchos siglos. Las influencias de muchas otras regiones han otorgado a Kerala una cocina particularmente rica y variada.

Rinde 4 porciones
30 minutos
2 horas
1 hora 40 minutos

1

PASTA DE CURRY
- 8 chiles rojos secos, desmoronados
- 1 cucharada de semillas de cilantro
- 2 cucharaditas de semillas de comino
- 2 cucharaditas de granos de pimienta negra
- 1 cucharadita de semillas de cardamomo
- 1 cucharadita de canela molida
- 1/4 cucharadita de chile en polvo
- 5 clavos de olor
- 2 cucharadas de agua
- 4 dientes de ajo, finamente picados
- 1 chile verde pequeño, sin semillas y finamente picado
- 1 cucharadita de jengibre fresco, finamente rallado
- 1/2 cucharadita de sal

CURRY
- 650 gramos (1 1/4 lb) de filete de puerco, partido en dados
- 2 cebollas, finamente rebanadas
- 2 cucharadas de vinagre de vino blanco
- 2 hojas de laurel
- 3 cucharadas de mantequilla clarificada (ghee) o aceite vegetal
- 1/2 taza (125 ml) de agua
- 8 hojas de curry
- Arroz basmati cocido al vapor, para acompañar
- Pappadums (pan fino crujiente de lentejas), para acompañar

1. **Para preparar la pasta de curry, fría** en seco los chiles secos, semillas de cilantro, comino, granos de pimienta, cardamomo, canela, chile en polvo y clavos de olor en una sartén pequeña sobre fuego medio durante 1 ó 2 minutos, hasta que aromaticen. Pase a un mortero con su mano, molcajete o molino de especias y mezcle hasta obtener un polvo fino. Agregue el agua, ajo, chile verde, jengibre y sal y mezcle hasta obtener una pasta.
2. **Para preparar el curry,** mezcle la carne de puerco, cebolla, vinagre y hojas de laurel en un tazón mediano. Agregue la pasta de especias y mezcle para cubrir. Tape y refrigere durante por lo menos 2 horas para marinar.
3. **Caliente** Caliente la mantequilla clarificada en una olla grande y gruesa sobre fuego medio-alto. Escurra la carne de puerco y saltee durante 3 ó 4 minutos, hasta que se dore y aromatice. Agregue la marinada, agua y hojas de curry y lleve a ebullición. Tape y hierva a fuego lento alrededor de 1 1/2 hora, mezclando ocasionalmente, hasta que la carne esté muy suave.
4. **Sirva caliente** acompañando con arroz y los pappadums.

carne de puerco a las especias con sambal de piña

La piña combina maravillosamente con la carne de puerco, especialmente en este platillo en el que se usa piña fresca llena de sabor y bondades naturales.

Rinde 4 porciones
30 minutos
2 horas
10 minutos

2

MEZCLA DE ESPECIAS

- 2 cucharaditas de granos de pimienta Sichuan
- 1 cucharadita de semillas de hinojo
- 2 chiles secos pequeños
- 1 cucharadita de semillas de cilantro

CARNE DE PUERCO

- 650 gramos (1 ¼ lb) de filete o lomo de puerco
- 2 cucharadas de miel de abeja transparente
- 1 cucharada de aceite de oliva extra virgen
- 1 cucharadita de sal

SAMBAL DE PIÑA

- ½ coco fresco, retirando su carne
- 1 taza de piña fresca, partida en dados pequeños
- 2 cucharaditas de jengibre fresco, finamente rallado
- ½ taza (25 g) de cilantro fresco, finamente picado
- 1 chile rojo pequeño, sin semillas y finamente rebanado
- 2 cucharadas de jugo de limón verde recién exprimido
- 1 cucharada de piloncillo, toscamente rallado, o azúcar morena
- 2 cucharaditas de salsa de pescado tai

1. **Para preparar la mezcla de especias,** fría en seco los granos de pimienta, chiles, semillas de hinojo y de cilantro en una sartén pequeña sobre fuego medio alrededor de un minuto, hasta que aromaticen. Pase a un mortero con su mano, molcajete o molino de especias y muela hasta obtener un polvo grueso.
2. **Para preparar la carne de puerco,** mezcle la carne con la miel de abeja, aceite, sal y mezcla de especias en un tazón mediano hasta cubrir. Tape y refrigere por lo menos durante 2 horas para marinar.
3. **Para preparar el sambal de piña,** corte la piña en tiras delgadas. Mezcle el coco, piña, jengibre, cilantro y chile en un tazón mediano. Usando un batidor globo bata el jugo de limón verde, piloncillo o azúcar y salsa de pescado en un tazón pequeño. Vierta el líquido sobre la mezcla de coco y revuelva hasta cubrir. Reserve hasta el momento de usar.
4. **Precaliente** una sartén grande sobre fuego medio-alto. Agregue la carne de puerco y saltee durante 4 ó 5 minutos de cada lado, hasta obtener el término deseado. Tape con papel aluminio y deje reposar durante 5 minutos.
5. **Rebane** la carne de puerco y sirva caliente acompañando con el sambal de piña.

tagine de cordero

Los limones amarillos en conserva son típicos de la cocina de África del Norte, especialmente de Marruecos. Los limones amarillos se preparan en sal y se usan para sazonar o adornar éste y muchos otros platillos. Se pueden comprar en las tiendas especializadas en alimentos de África del Norte y algunas tiendas de alimentos gourmet.

Rinde 6 porciones

25 minutos

75–80 minutos

 1

PASTA DE ESPECIAS

- **3** dientes de ajo, finamente picados
- **1** cucharadita de pimienta negra recién molida
- **1** cucharadita de jengibre molido
- **1** cucharadita de páprika dulce
- **1** cucharadita de comino molido
- **$\frac{1}{2}$** cucharadita de pimienta de cayena
- **$\frac{1}{2}$** cucharadita de sal
- **$\frac{1}{4}$** cucharadita de azafrán molido
- **2** cucharadas de aceite de oliva extra virgen

TAGINE

- **1** cucharada de aceite de oliva extra virgen
- **2** cebollas grandes, finamente rebanadas
- **1.5** kilogramos (3 lb) de espaldilla de cordero sin hueso, cortada en cubos de 4 cm ($1\frac{1}{2}$ in)
- **2** tazas (500 ml) de caldo de pollo (vea página 104)
- **4** cucharadas (60 ml) de jugo de limón amarillo recién exprimido
- **$\frac{1}{2}$** taza (25 g) de perejil fresco, finamente picado
- **$\frac{1}{2}$** taza (25 g) de cilantro fresco, finamente picado
- **1** taza (100 g) de aceitunas verdes
- Cuscús recién preparado, para acompañar
- **1** limón amarillo en conserva, finamente rebanado, para adornar

1. **Para preparar la pasta de especias,** mezcle el ajo, pimienta, jengibre, páprika, comino, pimienta de cayena, sal y azafrán en un mortero con su mano o molcajete y muela, agregando gradualmente el aceite, hasta obtener una pasta tersa.
2. **Para preparar el tagine,** caliente el aceite en una olla grande y gruesa sobre fuego medio. Agregue la cebolla y pasta de especias y saltee alrededor de un minuto, hasta que aromatice. Añada la carne de cordero y saltee durante 3 ó 4 minutos, hasta dorar ligeramente. Agregue el caldo de pollo y el jugo de limón y lleve a ebullición. Integre el perejil, cilantro y aceitunas.
3. **Tape** y hierva a fuego lento un poco más de una hora, mezclando ocasionalmente, hasta que la carne de cordero esté muy suave. Retire el exceso de grasa y deseche. Hierva a fuego lento de 10 a 15 minutos, destapada, hasta que la salsa espese.
4. **Adorne** con el limón amarillo en conserva y sirva caliente acompañando con el cuscús.

koftas de cordero estilo indio

Los koftas son un tipo de albóndigas o albondigón del Medio Oriente o de la India. Por lo general se preparan con carne de cordero molida (o finamente picada) o carne de res mezclada con especias. La receta que presentamos a continuación es originaria de la India.

Rinde 6 porciones

20 minutos

20–25 minutos

1

KOFTAS

- **600 gramos (1 ¼ lb) de carne de cordero molida (o finamente picada)**
- **1 cebolla pequeña, toscamente picada**
- **2 dientes de ajo, finamente picados**
- **2 chile verdes pequeños, sin semillas y finamente picados**
- **2 cucharadas de cilantro fresco, finamente picado, + el necesario para adornar**
- **1 cucharadita de jengibre fresco, finamente rallado**
- **1 cucharadita de garam masala**
- **½ cucharadita de comino molido**
- **½ cucharadita de sal**
- **¼ cucharadita de pimienta negra recién molida**
- **1 huevo grande, ligeramente batido**
- **Pan naan, para acompañar**

SALSA DE CURRY

- **2 cucharaditas de semillas de comino**
- **1 ½ cucharadita de semillas de cilantro**
- **1 ½ cucharadita de páprika picante**
- **1 cucharadita de semillas de cardamomo**
- **1 cucharadita de canela molida**
- **1 cucharadita de garam masala**
- **1 cucharadita de cúrcuma molida**
- **½ cucharadita de chile en polvo**
- **2 clavos de olor**
- **2 cucharadas de aceite vegetal**
- **1 cebolla, finamente picada**
- **2 dientes de ajo, finamente picados**
- **1 cucharadita de jengibre fresco, finamente rallado**
- **4 jitomates medianos, finamente picados**
- **¼ taza (60 ml) de agua**
- **1 taza (250 g) de yogurt simple**

1. **Para preparar los koftas,** mezcle la carne de cordero, cebolla, ajo, chiles, cilantro, jengibre, garam masala, comino, sal, pimienta y huevo en un tazón grande y mezcle hasta integrar por completo. Haga 25 ó 30 bolas con la mezcla. Tape y refrigere hasta el momento de usar.
2. **Para preparar la salsa de curry,** cocine o tueste en seco las semillas de comino y cilantro, páprika, cardamomo, garam masala, canela, cúrcuma, chile y clavos de olor en una sartén pequeña sobre fuego medio alrededor de un minuto, hasta que aromaticen. Pase a un mortero con su mano o molino de especias y mezcle hasta obtener un polvo fino.
3. **Caliente** el aceite en una sartén grande sobre fuego medio-bajo. Agregue la cebolla, ajo, jengibre y mezcla de especias y saltee durante 3 ó 4 minutos, hasta que la cebolla esté suave. Añada los jitomates, agua y yogurt y lleve a ebullición. Agregue los koftas y hierva a fuego lento de 15 a 20 minutos, hasta que la salsa se haya espesado y haya desarrollado sus sabores.
4. **Adorne** los koftas con cilantro y sirva caliente, acompañando con el pan naan.

curry de chamorro de cordero

Los chamorros de cordero se pueden comprar cortados al estilo francés o sin recortar. Cuando se cortan estilo francés se les retira toda la carne y la grasa a una parte del hueso para dejar el hueso expuesto y sea más fácil tomarlo con sus manos, y para darles una apariencia más atractiva.

Rinde 4 porciones

30 minutos

Aproximadamente 2 horas

2

MEZCLA DE ESPECIAS

- 1 cucharadita de garam masala
- 1 cucharadita de comino molido
- 1 cucharadita de semillas de cilantro molidas
- 1 cucharadita de cúrcuma molida
- ½ cucharadita de pimienta de cayena molida

CURRY

- 4 chamorros de cordero grandes, cortados estilo francés
- 4 cucharadas (60 ml) de aceite vegetal
- 2 cebollas, toscamente rebanadas
- 2 dientes de ajo, finamente picados
- 2 cucharaditas de jengibre fresco, finamente picado
- 2 vainas de cardamomo, abiertas
- 2 hojas de laurel
- 1 raja de canela
- 2 tazas (500 ml) de caldo de pollo (vea página 104)
- 2 tazas (400 g) de jitomates de lata, con su jugo
- ⅓ taza (90 g) de yogurt simple
- 3 cucharadas de cilantro fresco, finamente picado
- Arroz basmati recién cocido, para acompañar

1. **Para preparar la mezcla de especias,** mezcle el garam masala, comino, semillas de cilantro, cúrcuma y pimienta de cayena en un frasco de vidrio pequeño. Selle con una tapa y agite para integrar.
2. **Para preparar el curry,** precaliente una sartén grande sobre fuego medio-alto. Cubra los chamorros de cordero con 2 cucharadas del aceite y saltee durante 2 ó 3 minutos de cada lado, hasta dorar. Retire de la sartén y reserve.
3. **Precaliente** el horno a 170°C (325°F/gas 3).
4. **Caliente** las 2 cucharadas restantes de aceite en la misma sartén sobre fuego medio. Agregue la cebolla, ajo y jengibre y saltee durante 3 ó 4 minutos, hasta suavizar. Añada la mezcla de especias, cardamomo, hojas de laurel y raja de canela y saltee alrededor de un minuto, hasta que aromaticen. Agregue el caldo de pollo y los jitomates; lleve a ebullición.
5. **Coloque** los chamorros de cordero en un refractario profundo y rocíe con la salsa con especias. Tape con papel aluminio y hornee de 1½ a 2 horas, volteando ocasionalmente, hasta que el cordero esté suave y la carne casi se separe del hueso.
6. **Retire** del horno e integre el yogurt y el cilantro. Sirva caliente acompañando con el arroz.

pierna de cordero rellena de kefta

Aquí presentamos una forma diferente de servir la pierna de cordero tradicionalmente asada. Acompañe con papas o arroz hervido o cocido al vapor y una refrescante ensalada verde.

De 6 a 8 porciones

20 minutos

15 minutos

1 1/2–2 horas

1

RELLENO

- 3 cucharadas de aceite de oliva extra virgen
- 1 cebolla pequeña, finamente picada
- 2 dientes de ajo, finamente picados
- 1 cucharadita de comino molido
- 1 cucharadita de canela molida
- ½ cucharadita de jengibre molido
- ½ cucharadita de páprika picante
- ¼ cucharadita de sal
- ¼ cucharadita de pimienta negra recién molida
- ¼ cucharadita de pimienta de cayena
- 250 gramos (8 oz) de carne de cordero molida (o finamente picada)
- 3 cucharadas de perejil fresco, finamente picado
- 1 huevo grande, ligeramente batido

CARNE DE CORDERO

- 1 pierna de cordero de aproximadamente de 2.5 kg (5 lb), deshuesada y preparada para rellenar
- 2 cucharadas de aceite de oliva extra virgen
- 1 cucharada de páprika picante
- 1 cucharada de comino molido
- 1 cucharadita de semillas de cilantro molidas
- Sal y pimienta negra recién molida
- 1 cebolla, toscamente picada
- 1 taza (250 ml) de agua

1. **Precaliente** el horno a 180°C (350°F/gas 4).
2. **Para preparar el relleno,** caliente el aceite en una sartén mediana sobre fuego medio-bajo. Agregue la cebolla y el ajo y saltee durante 3 ó 4 minutos, hasta suavizar. Agregue el comino, canela, jengibre, páprika, sal, pimienta negra y pimienta de cayena y saltee alrededor de 30 segundos, hasta que aromatice.
3. **Retire** del fuego y pase a un tazón mediano. Agregue el cordero, perejil y huevo; mezcle hasta integrar por completo.
4. **Para preparar la pierna de cordero,** retire y deseche el exceso de grasa. Haga pequeñas incisiones en la carne para permitir que los sabores penetren. Rellene la cavidad con la carne de cordero molida y ate la pierna con cordel de cocina.
5. **Mezcle** el aceite, páprika, comino y semillas de cilantro en un tazón pequeño. Frote el aceite con especias sobre la carne de cordero y sazone con sal y pimienta.
6. **Coloque** la pierna en una charola grande para asar y ase en la rejilla central del horno durante 1 1/2 ó 2 horas, hasta obtener el término deseado. Retire del horno, cubra con papel aluminio y deje reposar durante 15 minutos antes de rebanar.
7. **Sirva** caliente o a temperatura ambiente.

pierna de cordero a las especias estilo medio oriente

Cuando compre el cordero, elija una pierna magra con un poco de grasa blanca (no amarilla, ya que eso significa que la carne no está fresca). No retire toda la grasa antes de asarla ya que la grasa ayudará a la carne a mantenerse jugosa en el horno.

De 6 a 8 porciones
20 minutos
4–12 horas
$1^1/2$–2 horas
1

MEZCLA DE ESPECIAS

- 3 cucharadas de granos de pimienta negra
- 2 cucharadas de páprika picante
- 1 cucharada de semillas de cilantro
- 1 cucharada de semillas de comino
- 1 raja de canela, desmoronada
- 1 cucharada de clavos de olor
- 2 cucharaditas de semillas de cardamomo
- 2 cucharaditas de nuez moscada recién rallada

CORDERO

- 1 pierna de cordero con hueso, de aproximadamente 2.5 kg (5 lb)
- 3 cucharadas de aceite de oliva extra virgen
- 3 cucharadas de jugo de limón amarillo recién exprimido

1. **Para preparar la mezcla de especias,** fría en seco los granos de pimienta, páprika, semillas de cilantro y comino, canela, clavos de olor, cardamomo y nuez moscada en una sartén pequeña sobre fuego medio-bajo durante 2 minutos, hasta que aromaticen. Pase las especias a un mortero con su mano, molcajete o molino de especias y muela hasta obtener un polvo fino.
2. **Para preparar la pierna de cordero,** retire y deseche un poco del exceso de grasa. Haga pequeñas incisiones en la carne para ayudar a que penetren los sabores. Revuelva la mezcla de especias con el aceite y jugo de limón en un tazón pequeño. Cubra la carne de cordero con la mezcla de especias. Tape y refrigere por lo menos durante 4 horas o toda la noche, para marinar.
3. **Precaliente** el horno a 180°C (350°F/gas 4).
4. **Coloque** la pierna de cordero en un refractario grande y deje reposar a temperatura ambiente. Hornee en la rejilla central del horno durante $1^1/2$ ó 2 horas, hasta obtener el término deseado.
5. **Retire** del horno, tape con papel aluminio y deje reposar durante 15 minutos antes de rebanar. Sirva caliente.

Si a usted le gustó esta receta, también le gustarán:

pierna de cordero rellena de kefta

220

cordero a las especias estilo marroquí

224

cordero a las especias
estilo marroquí

Después de haber cocinado la carne de cordero durante más de 4 horas, quedará muy suave y habrá absorbido todo el sabor de las especias y de la mantequilla.

De 6 a 8 porciones
15 minutos
15 minutos
4 horas 20 minutos
1

- 1 pierna de cordero, con hueso, de aproximadamente 2.5 kg (5 lb)
- $2/3$ taza (150 g) de mantequilla, suavizada
- 2 dientes de ajo, finamente picados
- 1 $1/2$ cucharada de páprika picante
- 1 cucharada de comino molido
- 2 cucharaditas de semillas de cilantro molidas
- 1 cucharadita de canela molida
- 1 cucharadita de sal
- 1 cucharadita de pimienta negra recién molida
- $1/2$ cucharadita de pimienta de cayena
- 1 taza (250 ml) de agua

1. **Precaliente** el horno a 220°C (425°F/gas 7).
2. **Para preparar el cordero,** retire y deseche un poco del exceso de grasa. Haga pequeñas incisiones en la carne para ayudar a que penetren los sabores.
3. **Mezcle** la mantequilla, ajo, páprika, comino, semillas de cilantro, canela, sal, pimienta negra y pimienta de cayena en un tazón pequeño. Frote la mantequilla con especias sobre la carne de cordero, empujándola dentro de las incisiones.
4. **Coloque** el cordero en una charola para asar grande y bañe con el agua. Hornee en la rejilla superior del horno durante 20 minutos.
5. **Pase** la carne de cordero a la rejilla central, reduzca el fuego a 150°C (300°F/gas 2) y hornee durante 4 horas más, o hasta que la carne esté suave y casi desprendiéndose del hueso. Barnice con los jugos de la charola cada 15 minutos para ayudar a la carne a permanecer jugosa.
6. **Retire** del horno, tape con papel aluminio y deje reposar durante 15 minutos antes de rebanar. Sirva caliente.

Si a usted le gustó esta receta, también le gustarán:

tagine de cordero 214

pierna de cordero rellena de kefta 220

pierna de cordero a las especias estilo medio oriente 222

Vegetarianas

chili de ejotes largos

Los ejotes largos, también conocidos como ejotes de yarda o ejotes espárrago, provienen del sudeste asiático. Se pueden conseguir en tiendas especializadas en alimentos asiáticos. Si no los encuentra puede sustituirlos por ejotes comunes.

De 4 a 6 porciones

15 minutos

6-7 minutos

 1

- **2** **cucharadas de aceite vegetal**
- **1** **cebolla blanca, rebanada**
- **2** **dientes de ajo, finamente picados**
- **3** **cucharaditas de pasta de chile o salsa harissa (vea página 30)**
- **750** **gramos (1 ½ lb) de ejotes largos, cortados en trozos de 8 cm (3 in) de largo**
- **⅓** **taza (90 ml) de caldo de pollo (vea página 104)**
- **1** **cucharadita de azúcar**

1. **Caliente** el aceite en un wok grande sobre fuego medio-alto. Añada la cebolla, ajo y pasta de chile y fría durante 1 ó 2 minutos, hasta que estén suaves y aromáticos.

2. **Añada** los ejotes y fría durante 2 minutos, mezclando para cubrir por completo. Vierta el caldo de pollo y el azúcar y fría durante 3 minutos, hasta que los ejotes estén suaves pero aún crujientes y la salsa esté suficientemente espesa para cubrirlos. Sirva caliente.

Si a usted le gustó esta receta, también le gustarán:

elotes a la parrilla con mantequilla de chile

46

ensalada coreana de espinacas

110

tofu picante salteado

236

curry de papa y espinaca

Este sustancioso y saludable curry se puede servir como plato único en una comida.

Rinde 4 porciones

20 minutos

20-25 minutos

1

- $\frac{1}{4}$ taza (60 ml) de aceite vegetal
- 1 cebolla grande, picada en cubos
- 3 dientes de ajo, finamente picados
- 2 cucharaditas de jengibre fresco, finamente picado
- 1 chile rojo grande, sin semillas y finamente picado
- 1 cucharadita de garam masala
- 1 cucharadita de comino molido
- 1 cucharadita de cilantro molido
- $\frac{1}{2}$ cucharadita de cúrcuma molida
- 750 gramos ($1\frac{1}{2}$ lb) de papas, sin piel y cortadas en cubos de 4 cm ($1\frac{1}{2}$ in)
- $\frac{1}{2}$ taza (125 ml) de agua
- $\frac{1}{2}$ cucharadita de azúcar
- $\frac{1}{2}$ cucharadita de sal
- 6 jitomates grandes, picados en cubos
- 4 tazas (200 g) de hojas de espinaca pequeña
- $\frac{1}{2}$ taza (125 g) de yogurt natural
- 2 cucharadas de hojas de cilantro fresco

1. **Caliente** el aceite en una sartén grande sobre fuego medio. Agregue la cebolla, ajo y jengibre y saltee de 3 a 4 minutos, hasta que estén suaves. Añada el chile, garam masala, comino, cilantro y cúrcuma y saltee alrededor de un minuto, hasta que aromatice.
2. **Añada** las papas y mezcle para cubrir. Vierta el agua, agregue la sal y el azúcar y lleve a ebullición. Tape y hierva a fuego lento de 10 a 15 minutos, hasta que estén suaves.
3. **Integre** los jitomates y la espinaca y cocine, sin tapar, durante 5 minutos.
4. **Adorne** con hojas de cilantro y sirva caliente, acompañando con el yogurt servido por separado.

Si a usted le gustó esta receta, también le gustarán:

korma de espinaca

232

curry de huevo

238

curry de verduras

246

korma de espinaca

Korma es el nombre de un platillo de Asia Central, que hoy en día es popular en el norte de la India, Bangladesh y Pakistán. Puede ser un platillo vegetariano como el de nuestra receta, pero también puede hacerse con carne.

De 4 a 6 porciones
20 minutos
25 minutos
1

- 1 cucharada de semillas de comino
- 3 cucharadas de aceite vegetal
- 2 cucharadas de mantequilla
- 2 cebollas medianas, rebanadas
- 2 cucharaditas de jengibre fresco, finamente rallado
- 4 dientes de ajo, finamente rebanados
- 10 vainas de cardamomo, semillas retiradas y molidas
- 1 cucharadita de cúrcuma molida
- $\frac{1}{4}$ cucharadita de sal
- 2 chiles verdes largos, picados
- 6 papas, sin piel y cortadas en cubos de 4 cm ($1\frac{1}{2}$ in)
- 6 tazas (300 g) de hojas de espinaca pequeña
- $\frac{1}{2}$ taza (125 ml) de agua
- 2 hojas de laurel
- $\frac{1}{3}$ taza (100 ml) de yogurt natural
- $\frac{3}{4}$ taza (200 ml) de crème fraîche o crema fresca
- 1 cucharadita de garam masala
- 1 taza (50 g) de cilantro fresco, finamente picado

1. **Fría en seco** las semillas de comino en una olla sobre fuego medio-bajo durante un minuto, hasta que aromaticen. Agregue el aceite y la mantequilla. Cuando la mantequilla se haya derretido, añada las cebollas y saltee durante 5 minutos, hasta que estén doradas.
2. **Agregue** el jengibre y el ajo; saltee durante 3 minutos. Integre el cardamomo, cúrcuma, sal, chiles y papas y saltee durante 3 minutos.
3. **Integre** la espinaca, agua y hojas de laurel. Tape y cocine a fuego medio de 10 a 12 minutos, hasta que el agua se haya absorbido y las papas estén suaves.
4. **Mezcle** el yogurt y la crème fraîche en un tazón con el garam masala y el cilantro. Integre esta mezcla con las espinacas y lleve casi a ebullición. Retire las hojas de laurel y sirva caliente.

Si a usted le gustó esta receta, también le gustarán:

sopa de espinacas picante

84

ensalada coreana de espinacas

110

espinacas con garbanzos

262

curry tai rojo de verduras

Esta receta de curry en pasta rendirá aproximadamente tres veces más de la cantidad necesaria para esta receta. Coloque la pasta restante en un recipiente hermético y almacene en el refrigerador. Durará hasta una semana.

Rinde 4 porciones

20 minutos

20-25 minutos

1

PASTA DE CURRY ROJO

- ½ cucharada de semillas de cilantro
- ¼ cucharadita de granos de pimienta blanca
- ½ cucharadita de páprika picante molida
- 2 chalotes, picados
- 2 dientes de ajo, picados
- 1 trozo (1 cm/ ½ in) de jengibre, sin piel y finamente picado
- 2 chiles rojos pequeños, sin semillas y finamente picados
- ½ cucharadita de lemongrass, solamente la parte blanca, finamente picado
- ¼ cucharadita de sal
- 1½ cucharada de aceite vegetal

CURRY

- 2½ cucharadas de aceite vegetal
- 1 cebolla grande, cortada en cubos
- 2 papas grandes, sin piel y cortadas en cubos
- 2 tazas (250 g) de calabacitas amarillas o calabaza de invierno, sin piel y cortada en cubos
- 1 calabacita (zucchini/courgette) grande, cortada en cubos
- 2 pimientos (capsicums) rojos, sin semillas y picados en cubos
- 1 taza (250 ml) de caldo de verduras (vea página 96)
- 1⅔ taza (400 ml) de leche de coco
- Jugo recién exprimido de 1 limón verde
- Sal y pimienta negra recién molida
- 1½ taza (75 g) de germinado de soya
- Hojas de albahaca fresca, para adornar

1. **Para preparar la pasta de curry rojo,** fría en seco las semillas de cilantro y los granos de pimienta en una sartén pequeña durante un minuto, hasta que aromatice. Pase a un mortero o a un procesador de alimentos y muela hasta obtener un polvo fino. Agregue la páprika, chalotes, ajo, jengibre, chile, lemongrass y sal y muela, agregando gradualmente el aceite hasta lograr una pasta espesa.
2. **Para preparar el curry,** caliente el aceite en un wok grande sobre fuego alto y saltee la cebolla durante 2 ó 3 minutos, hasta que esté suave. Agregue una cucharada de curry en pasta y fría durante 1 ó 2 minutos, hasta que aromatice.
3. **Añada** las papas, calabaza, calabacita, pimientos y el caldo y lleve a ebullición. Tape y hierva a fuego lento de 10 a 15 minutos, hasta que las verduras estén suaves. Destape y hierva a fuego lento durante 5 minutos, hasta que la salsa se haya espesado y reducido ligeramente.
4. **Integre** la leche de coco y el jugo de limón y hierva nuevamente. Sazone con sal y pimienta.
5. **Sirva caliente** cubriendo con el germinado de soya y las hojas de albahaca fresca.

tofu picante frito

El tofu o frijol cuajado está elaborado a base de leche de soya y se prepara coagulando las proteínas de la soya con calcio o sal de magnesio y prensando hasta obtener una consistencia firme. El tofu es una excelente fuente de hierro y calcio.

Rinde 4 porciones

20 minutos

6-10 minutos

1

- **2 cucharadas de aceite de ajonjolí**
- **1 cebolla mediana, rebanada**
- **2 dientes de ajo, finamente picados**
- **2 cucharaditas de jengibre fresco, finamente picado**
- **2 chiles rojos grandes, sin semillas y finamente picados**
- **350 g (12 oz) de tofu firme, rebanado**
- **¼ taza (60 ml) de salsa de soya**
- **¼ taza (60 ml) de kecap manis o salsa de soya oscura**
- **1 zanahoria, finamente rebanada**
- **1 cabeza pequeña de brócoli, cortada en floretes**
- **1 pimiento (capsicum) rojo, sin semillas y finamente rebanado**
- **1 calabacita (zucchini/courgette), cortada en cubos**
- **1 taza (50 g) de germinado de soya**
- **Arroz jazmín al vapor, para acompañar**

1. **Caliente** el aceite en un wok grande sobre fuego medio-alto. Añada la cebolla, ajo, jengibre y chiles y saltee durante 2 ó 3 minutos, hasta que estén suaves. Agregue el tofu y saltee de 2 a 3 minutos, hasta que se dore.
2. **Vierta** la salsa de soya y el kecap manis y mezcle para cubrir. Añada la zanahoria y saltee durante un minuto. Agregue el brócoli, pimiento y la calabacita y saltee de 2 a 3 minutos, hasta que las verduras estén ligeramente suaves pero aún crujientes.
3. **Integre** el germinado de soya. Sirva caliente, acompañando con el arroz jazmín.

Si a usted le gustó esta receta, también le gustarán:

chili de ejotes largos

228

curry de verduras

246

curry tai de ejotes y col china

254

curry de huevo

Los huevos son una buena fuente de proteína de alta calidad así como de vitamina K y muchas vitaminas B.

De 4 a 6 porciones

20 minutos

30-35 minutos

1

- 12 huevos grandes
- 8 chiles rojos secos, picados
- 2 cucharadas de semillas de cilantro
- ½ cucharadita de cúrcuma molida
- 3 cucharadas de aceite vegetal o mantequilla clarificada
- 1 cebolla grande, cortada en cubos
- 3 dientes de ajo, finamente picados
- 2 cucharaditas de jengibre fresco, finamente picado
- 1½ cucharada de pasta de tamarindo
- 1 cucharadita de sal
- ½ cucharadita de azúcar
- ½ taza (125 ml) de agua
- 3 tazas (750 ml) de leche de coco
- 1 tallo de lemongrass, cortado en 3 piezas y machacado
- 4 jitomates grandes, cortados en cubos
- Arroz basmati al vapor, para acompañar
- 1 chile verde grande, rebanado
- 2 cucharadas de cilantro fresco, finamente picado

1. **Coloque** los huevos en una olla grande, cubra con agua fría y lleve a ebullición. Hierva a fuego lento de 10 a 12 minutos, hasta que estén cocidos. Enfríe bajo el chorro de agua fría. Retire el cascarón y parta a la mitad.
2. **Cocine en seco** los chiles, semillas de cilantro y cúrcuma en una sartén pequeña a fuego medio durante 1 ó 2 minutos. Pase a un mortero o molcajete y muela con la mano del mortero hasta obtener un polvo fino.
3. **Caliente** el aceite en un wok grande sobre fuego medio-alto. Añada la cebolla, ajo y jengibre y saltee de 2 a 3 minutos, hasta que estén suaves. Agregue la mezcla de especias, tamarindo, sal y azúcar y saltee durante 2 minutos.
4. **Añada** el agua, leche de coco y lemongrass y mezcle hasta integrar. Cocine a fuego lento de 10 a 15 minutos, para permitir que el sabor se impregne.
5. **Añada** los huevos y los jitomates y cocine a fuego lento durante 5 minutos.
6. **Espolvoree** con el chile verde y el cilantro y sirva caliente acompañando con el arroz.

Si a usted le gustó esta receta, también le gustarán:

curry de calabaza con arroz basmati

244

curry de berenjena

248

curry tai de hongos

256

tagine de verduras

Un tagine es un tipo de guiso del Norte de África. La palabra se deriva del lenguaje berebere y se refiere a una olla especial con tapa en forma de cono alto en la que se cocina y, por lo general, bellamente decorada.

Rinde 4 porciones

20 minutos

20-30 minutos

1

- 2 cucharadas de aceite de oliva extra virgen
- 1 cebolla grande, cortada en cubos
- 2 dientes de ajo, finamente picados
- 1 cucharada de jengibre fresco, finamente picado
- 1 cucharada de páprika picante
- 2 cucharaditas de comino molido
- 1 cucharadita de pistilos de azafrán
- 2 hojas de laurel
- 1 raja de canela
- 6 dátiles frescos, sin hueso
- 750 gramos (1 ½ lb) de calabaza, sin piel y cortada en cubos de 4 cm (1 ½ in)
- 2 tazas (400 g) de garbanzos de lata, drenados
- 1 ½ taza (375 ml) de caldo de verduras (vea página 96)
- 250 gramos (8 oz) de ejotes, cortados en tiras de 2.5 cm (1 in)
- ¼ taza (45 g) de piñones, ligeramente tostados
- ½ taza (125 g) de yogurt natural, para acompañar
- Cuscús, para acompañar
- 3 cucharadas de menta fresca, finamente picada
- 3 cucharadas de cilantro fresco, finamente picado

1. **Caliente** el aceite en una olla grande sobre fuego medio. Añada la cebolla, ajo y jengibre y saltee de 3 a 4 minutos, hasta que estén suaves. Añada la páprika, comino, azafrán, hojas de laurel y canela y saltee durante un minuto, hasta que aromaticen.
2. **Añada** los dátiles, calabaza, garbanzos y caldo de verduras y lleve a ebullición. Tape y hierva a fuego lento de 10 a 15 minutos, hasta que estén suaves. Añada los ejotes y los piñones, tape y hierva a fuego lento de 5 a 10 minutos.
3. **Espolvoree** con la menta y el cilantro y sirva caliente acompañando con el cuscús y el yogurt.

Si a usted le gustó esta receta, también le gustarán:

cuscús de verduras con salsa harissa

242

curry de verduras

240

estofado de chile cuatro estaciones

250

cuscús de verduras
con salsa harissa

La harissa, una salsa de chile condimentada originaria de Túnez, añade picor a este platillo. La harissa puede adquirirse en tiendas y mercados especializados en productos del norte de África pero también es fácil de preparar en casa. Vea nuestra receta en la página 30.

De 4 a 6 porciones

30 minutos

30-40 minutos

1

- ¼ taza (60 g) de mantequilla
- 2 cucharadas de aceite de oliva extra virgen + el necesario para acompañar
- 2 cebollas grandes, partidas en cuartos
- 1 pizca de pistilos de azafrán
- ½ cucharadita de cúrcuma
- ½ cucharadita de jengibre molido
- ½ cucharadita de pimienta negra
- 1 cucharadita de pimienta blanca recién molida
- 1 chile rojo pequeño, picado
- 1 chile verde largo, sin semillas y rebanado
- 3 jitomates, sin piel y picados
- 2⅔ tazas (650 ml) de caldo de verduras (vea página 96) + el necesario para servir
- 1 cucharadita de sal
- 2 cucharadas de perejil fresco, toscamente picado
- 2 cucharadas de cilantro fresco, toscamente picado, + el necesario para adornar
- 2 nabos pequeños, sin piel y cortados en 8 trozos
- 2 pastinacas, sin piel y cortadas en cuartos
- 2 zanahorias grandes, sin piel y cortadas longitudinalmente en 4 ó 5 piezas
- 1 berenjena (aubergine), cortada en trozos grandes
- 2 calabacitas (zucchini/courgettes) medianas, cortadas en 4 ó 5 piezas
- ½ calabaza bellota, sin piel ni semillas y cortada en trozos
- ¼ taza (45 g) de uvas pasas
- 2 tazas (400 g) de garbanzos de lata, drenados
- tazas (300 g) de cuscús
- 1 cucharada de salsa harissa (vea página 30)
- Un chorrito de jugo de limón amarillo

1. **Caliente** la mantequilla y el aceite en una olla grande sobre fuego lento. Añada la cebolla y saltee de 8 a 10 minutos, hasta que esté suave.
2. **Integre** el azafrán, cúrcuma, jengibre, ambas pimientas y chiles y saltee durante 1 ó 2 minutos. Añada los jitomates, caldo, sal, perejil y cilantro. Aumente el fuego y lleve a ebullición. Saltee durante 3 minutos.
3. **Añada** los nabos, pastinacas y zanahorias y hierva a fuego lento durante 10 minutos. Agregue la berenjena, calabacitas, calabaza bellota, uvas pasas y garbanzos. Mezcle hasta integrar por completo y tape. Cocine de 10 a 15 minutos, hasta que las verduras estén suaves pero aún enteras.
4. **Justo antes de servir**, prepare el cuscús de acuerdo a las instrucciones del paquete.
5. **Acomode** las verduras sobre el cuscús o alrededor de él. Adorne con cilantro.
6. **Sirva** la salsa harissa en un tazón pequeño. Diluya la salsa con caldo de verduras, el aceite adicional y el jugo de limón amarillo.

curry de calabaza con arroz basmati

Las calabazas de color naranja brillante aportan gran cantidad de carotenos, los cuales se cree que ayudan a prevenir el cáncer, las enfermedades cardiacas y la diabetes tipo 2.

Rinde 6 porciones

20 minutos

30 minutos

15-20 minutos

1

CURRY

- 5 cucharadas (75 g) de mantequilla clarificada (ghee) o aceite vegetal
- 1 cebolla grande, picada en cubos
- 1 ½ cucharadita de comino molido
- 1 cucharadita de chile en polvo
- ½ cucharadita de cúrcuma molida
- 750 gramos (1 ½ lb) de calabaza, sin piel ni semillas y cortada en cubos grandes
- 2 tazas (400 g) de jitomates de lata, con su jugo
- 1 ½ taza (375 ml) de leche de coco
- 2 cucharadas de jugo de limón recién exprimido
- Sal y pimienta negra recién molida
- 10 hojas de curry
- 3 chiles verdes pequeños
- 2 cucharaditas de semillas de mostaza negra

ARROZ BASMATI

- 2 ½ tazas (500 g) de arroz basmati
- 3 tazas (750 ml) de agua

1. **Para preparar el curry,** caliente 4 cucharadas de mantequilla clarificada en una olla grande sobre fuego lento o medio-bajo. Añada la cebolla, comino, chile en polvo y cúrcuma y saltee durante 1 ó 2 minutos, hasta que aromaticen. Agregue la calabaza, los jitomates y la leche de coco y lleve a ebullición. Tape y cocine a fuego lento de 10 a 15 minutos, hasta que la calabaza esté suave y el líquido se haya absorbido. Integre el jugo de limón y sazone con sal y pimienta. Reserve el tiempo necesario para permitir que el sabor se impregne.
2. **Para preparar el arroz,** remoje durante 30 minutos en un tazón con agua fría. Coloque en un colador bajo el chorro de agua fría, hasta que el agua salga clara. Mezcle el arroz y el agua en una olla mediana sobre fuego medio-alto y lleve a ebullición. Tape y cocine a fuego lento alrededor de 15 minutos, hasta que el agua se haya consumido. Retire del fuego, manteniendo tapado, y reserve durante 5 minutos para que termine de cocinarse.
3. **Caliente** la cucharada restante de mantequilla clarificada en una sartén pequeña sobre fuego medio-alto. Añada las hojas de curry, chiles verdes y semillas de mostaza y saltee durante 1 ó 2 minutos, hasta que aromaticen.
4. **Coloque** la calabaza en un platón de servicio y rocíe con la mantequilla clarificada con especias. Sirva caliente acompañando con el arroz basmati.

Si a usted le gustó esta receta, también le gustarán:

sopa tailandesa de calabaza

88

sopa de coco, calabaza y camarones

92

curry de verduras

Varíe las verduras en este curry de acuerdo a la estación del año y lo que usted tenga a la mano.

Rinde 4 porciones

30 minutos

5 minutos

20-25 minutos

1

PASTA DE ESPECIAS

- 6 chiles rojos pequeños secos
- 2 cucharaditas de semillas de comino
- 2 cucharaditas de semillas de cilantro
- 1 cucharadita de granos de pimienta negra
- 1 cucharadita de cúrcuma molida
- 1 cebolla pequeña, finamente picada
- 4 dientes de ajo, picados
- 1 cucharada de jengibre fresco, finamente picado
- 2 tallos de lemongrass, únicamente la parte blanca, finamente picada
- 1 cucharadita de pasta de camarón

CURRY

- 2 cucharadas de aceite vegetal
- 2 tazas (500 ml) de leche de coco
- ½ taza (125 ml) de agua
- 150 gramos (5 oz) de elotes miniatura
- 150 gramos (5 oz) de brócoli, cortado en floretes
- 150 gramos (5 oz) de coliflor, cortada en floretes
- 150 gramos (5 oz) de ejotes, sin puntas y partidos en mitades
- 1 pimiento (capsicum) verde, sin semillas y picado en cubos
- 1 calabacita (zucchini/courgette), rebanada en rodajas de 1 cm (½ in)
- 2 cucharadas de jugo de limón amarillo recién exprimido
- 2 cucharadas de salsa tai de pescado
- 2 cucharaditas de piloncillo, toscamente rallado, o azúcar morena
- 1 ½ taza (300 g) de arroz jazmín
- 2 tazas (500 ml) de agua
- Hojas de cilantro, para adornar

1. **Para preparar la pasta de especias,** remoje los chiles en agua hirviendo durante 10 minutos. Drene y pique en trozos grandes.
2. **Fría en seco** el comino, cilantro, granos de pimienta y cúrcuma en una sartén pequeña a fuego medio durante 1 ó 2 minutos, hasta que aromaticen. Pase a un mortero o a un procesador de alimentos y muela hasta pulverizar. Agregue la cebolla, ajo, jengibre, lemongrass y pasta de camarón y mezcle hasta obtener una pasta tersa y suave.
3. **Para preparar el curry,** caliente el aceite en una olla grande y gruesa sobre fuego medio. Añada 2 cucharadas de la pasta de especias y mezcle alrededor de un minuto, hasta que aromatice. Agregue 1 taza (250 ml) de leche de coco y hierva a fuego lento durante 5 minutos para impregnar los sabores. Añada la leche de coco restante, agua, elotes, brócoli, coliflor, ejotes, pimiento y calabacita y cocine de 10 a 15 minutos a fuego lento, hasta que estén suaves. Agregue el jugo de limón, salsa de pescado y piloncillo o azúcar y mezcle hasta integrar.
4. **Enjuague** el arroz bajo el chorro de agua fría hasta que el agua salga casi clara. Coloque el arroz y el agua en una olla mediana y lleve a ebullición. Disminuya a fuego medio-lento, tape y cocine alrededor de 15 minutos, hasta que el agua se haya absorbido. Retire del fuego, mantenga tapado, y reserve durante 5 minutos para que termine de cocinarse.
5. **Sirva** el curry caliente acompañando con el arroz. Espolvoree con cilantro para adornar.

curry de berenjena

La berenjena, también conocida como aubergine, es nativa de la India. En un miembro de la familia Solanácea y tiene una estrecha relación con el jitomate y la papa.

Rinde 4 porciones
15 minutos
30 minutos
20-25 minutos
1

CURRY

- 2 berenjenas (aubergines) grandes, con piel, cortadas en cubos
- Sal
- 2 cucharadas de aceite vegetal
- 1 cebolla, finamente picada
- 2 dientes de ajo, finamente picados
- 2 cucharaditas de comino molido
- 1 cucharadita de semillas de mostaza negra
- 1 cucharadita de cilantro molido
- ½ cucharadita de chile en polvo
- ¼ cucharadita de cúrcuma molida
- 2 jitomates grandes, picados
- ½ taza (50 g) de hojas de cilantro fresco
- Pimienta negra recién molida

RAITA DE PEPINO

- 1 pepino pequeño
- 1 taza (250 g) de yogurt natural
- 2 cucharadas de jugo de limón amarillo recién exprimido
- Sal
- Pan naan, para acompañar

1. **Para preparar el curry,** coloque las berenjenas en un colador y espolvoree generosamente con sal. Deje escurrir durante 30 minutos. Enjuague la sal y el líquido de las berenjenas y seque con toallas de papel.
2. **Caliente** el aceite en una sartén grande sobre fuego medio. Agregue la cebolla y el ajo y saltee de 3 a 4 minutos, hasta que estén suaves. Añada el comino, semillas de mostaza, cilantro, chile en polvo y cúrcuma y salte alrededor de 30 segundos, hasta que aromaticen.
3. **Agregue** las berenjenas y los jitomates y mezcle para cubrir. Tape y cocine a fuego lento de 15 a 20 minutos, hasta que las berenjenas estén suaves. Integre el cilantro y sazone con sal y pimienta.
4. **Para preparar la raita de pepino,** retire la piel y las semillas del pepino. Ralle toscamente, drenando el exceso de líquido. Mezcle el yogurt, pepino y jugo de limón amarillo en un tazón pequeño. Sazone con sal.
5. **Sirva** el curry caliente acompañando con la raita y el pan naan.

Si a usted le gustó esta receta, también le gustarán:

curry de calabaza con arroz basmati

244

curry tai de ejotes y col china

254

curry tai de hongos

256

estofado de chili cuatro estaciones

Prepare este estofado con un día de anticipación y recaliente antes de servir. Los sabores mejorarán si se deja enfriar en el refrigerador durante la noche.

Rinde 6 porciones

20 minutos

30-40 minutos

1

- 3 cucharadas de aceite de oliva extra virgen
- 1 cebolla morada, rebanada
- 1 cebolla blanca, rebanada
- 2 dientes de ajo, picados
- 1 cucharadita de curry picante en polvo
- 1 cucharadita de comino molido
- ½ cucharadita de pimienta negra, toscamente molida
- ½ cucharadita de hojuelas de chile rojo
- ¼ cucharadita de cardamomo molido
- ¼ cucharadita de nuez moscada molida
- Una pizca de pimienta de jamaica molida
- 1 cucharada de jengibre rallado
- 1–2 chiles rojos grandes, sin semillas y finamente rebanados
- 1 cucharada de harina de trigo (simple)
- 1⅔ taza (400 ml) de caldo de verduras (vea página 96), caliente
- 5 zanahorias miniatura, partidas longitudinalmente a la mitad, con tallo verde
- 1 apio nabo, sin piel, sin fibras y cortado en cubos de 2.5 cm (1 in)
- 1 calabaza butternut pequeña, sin piel y cortada en cubos de 2.5 cm (1 in)
- 1 berenjena (aubergine), cortada en cubos grandes
- 2 tazas (400 g) de frijoles cannellini o alubias de lata, drenados
- 3 cucharadas de perejil fresco, finamente picado
- Jugo recién exprimido de 1 ó 2 limones amarillos
- Sal y pimienta negra recién molida
- 1 cucharadita de salsa harissa (vea página 30)

ADORNO

- ⅔ taza (150 ml) de crème fraîche o crema fresca
- 3 cucharadas de yogurt natural
- ¼ cucharadita de chile suave en polvo, para espolvorear
- ½ taza (50 g) de nueces de la India tostadas, toscamente picadas

1. **Caliente** el aceite en una olla grande sobre fuego lento. Añada las cebollas y saltee de 10 a 15 minutos, hasta que se doren. Integre el ajo y saltee durante 2 minutos. Agregue el curry en polvo, comino, pimienta negra, hojuelas de chile rojo, cardamomo, nuez moscada, pimienta de jamaica, jengibre y los chiles y saltee durante un minuto más.
2. **Espolvoree** con la harina y cocine durante 2 minutos mezclando constantemente. Cuando la harina se haya incorporado, añada el caldo gradualmente. Lleve a ebullición y posteriormente disminuya a fuego lento y continúe cocinando de 2 a 3 minutos.
3. **Añada** las zanahorias, apio nabo y calabaza y cocine a fuego lento durante 5 minutos. Integre la berenjena y las alubias y cocine a fuego lento de 6 a 8 minutos, hasta que las verduras estén suaves.
4. **Integre** el perejil. Agregue el jugo de limón amarillo, sal y pimienta. Diluya la salsa harissa con un poco del líquido de cocción en otro tazón e integre al estofado. Cocine durante 1 ó 2 minutos, mezclando.
5. **Bata** la crème fraîche y el yogurt en un tazón pequeño. Espolvoree con el chile en polvo.
6. **Sirva** el estofado adornando con la mezcla de crème fraîche y las nueces.

coliflor picante con chícharos

La coliflor pertenece a la familia de la col y es rica en vitaminas y minerales. Los chícharos son un tipo de leguminosa rica en proteína y fibra.

De 4 a 6 porciones
20 minutos
20 minutos
1

- 1 coliflor mediana, separada en floretes
- 3 cucharaditas de semillas de comino
- 1 cucharadita de semillas de mostaza negra
- 4 cucharadas (60 ml) de aceite vegetal
- 4 cebollitas de cambray, rebanadas en aros
- 2 dientes de ajo, rebanados
- 1 cucharada de jengibre fresco, finamente rallado
- 2 cucharaditas de cúrcuma molida
- 1 cucharadita de sal
- 2 chiles verdes, finamente picados
- $^{2}/_{3}$ taza (60 g) de nueces de la India sin sal, toscamente picadas
- $^{2}/_{3}$ taza (150 ml) de yogurt natural
- 1 cucharadita de garam masala
- 2 tazas (300 g) de chícharos congelados
- 2 cucharadas de cilantro fresco, para adornar

1. **Hierva** agua con sal en una olla mediana y agregue la coliflor. Hierva durante 2 ó 3 minutos; los floretes deben quedar ligeramente crudos. Drene y reserve.
2. **Cocine en seco** el comino y las semillas de mostaza en una sartén grande de 30 a 60 segundos, hasta que aromaticen. Añada el aceite, cebolla, ajo y jengibre y cocine sobre fuego medio-alto de 4 a 6 minutos, mezclando frecuentemente, hasta que estén dorados y suaves.
3. **Integre** la cúrcuma, sal, chiles y nueces y cocine durante un minuto, mezclando constantemente.
4. **Disminuya** el fuego e integre el yogurt. Integre el garam masala y cocine a fuego lento durante 5 minutos.
5. **Añada** la coliflor y los chícharos y cocine alrededor de 5 minutos hasta que la coliflor esté suave y cocida. Integre el cilantro.
6. **Sirva** caliente adornando con hojas de cilantro.

Si a usted le gustó esta receta, también le gustarán:

curry de papa y espinaca

230

espinaca con garbanzos

262

chili de frijol caupí

268

curry tai de ejotes y col china

Utilice chiles no muy picantes para preparar este aromático curry. Si no encuentra col china (pak choy) sustitúyala por brócoli, chícharos chinos, espinacas miniatura o espárragos.

Rinde 4 porciones
30 minutos
15 minutos
1

- $1\frac{2}{3}$ taza (400 ml) de leche de coco
- 2 cucharadas de pasta de curry verde tai
- 1 taza (250 ml) de caldo de verduras (vea página 96)
- 2 cucharadas de salsa tai de pescado
- 1 tallo de lemongrass, limpio y sin las hojas exteriores
- 3 hojas de lima kaffir
- 1 cucharada de jengibre fresco, finamente rallado
- 1 cucharadita de azúcar
- 4 elotes miniatura (elotes dulces), partidos en 2 ó 3 trozos
- 2 cebollitas de cambray, rebanadas
- 250 gramos (8 oz) de ejotes, cortados en 2 ó 4 piezas
- 1 chile verde, sin semillas y finamente rebanado
- 1 col china (pak choy), hojas separadas de los tallos y toscamente partidas
- 250 gramos (8 oz) de chícharos chinos, cortados en 2 ó 3 piezas
- Sal y pimienta negra recién molida
- $\frac{1}{2}$ taza (25 g) de hojas de cilantro fresco, troceadas
- 1 cucharada de albahaca fresca, finamente picada
- Jugo recién exprimido de 1 ó 2 limones verdes
- Arroz jazmín al vapor, para acompañar

1. **Vierta** una tercera parte de la leche de coco en una olla o wok grande sobre fuego lento. Mientras se calienta integre la pasta de curry, batiendo. Continúe batiendo hasta que suelte el hervor.
2. **Añada** la leche de coco restante, caldo de verduras y salsa de pescado. Integre el lemongrass, hojas de lima kaffir, jengibre y azúcar. Lleve a un punto de ebullición lenta, mezclando para integrar.
3. **Agregue** los elotes, cebollitas de cambray, ejotes y chile. Mezcle y hierva a fuego lento durante 5 minutos.
4. **Pique** los tallos de la col china en tiras pequeñas y añada al wok. Integre los chícharos chinos. Hierva a fuego lento durante 2 ó 3 minutos, hasta que todas las verduras estén suaves pero aún crujientes.
5. **Integre** las hojas de col china y el cilantro. Cocine durante unos segundos.
6. **Rectifique** la sazón con sal y pimienta e integre el jugo de limón. Espolvoree con la albahaca y sirva caliente acompañando con el arroz.

curry tai de hongos

La pasta de curry preparada ahorra mucho tiempo pero ¿por qué no preparar la suya propia? Puede almacenar la pasta restante en el refrigerador durante una semana o congelarla hasta por 2 meses.

Rinde 4 porciones

15 minutos

15-20 minutos

1

PASTA DE CURRY ROJO

- 2 cucharaditas de semillas de cilantro
- 1 cucharadita de semillas de comino
- 2 tallos de lemongrass, picados
- 2 chiles rojos, sin semillas y rebanados
- 1 cucharada de jengibre fresco, finamente rallado
- 2 chalotes, toscamente picados
- 3 dientes de ajo, rebanados
- 1 cucharada de páprika picante
- ½ cucharadita de sal
- Ralladura fina de 1 limón verde
- Jugo recién exprimido de 1 ó 2 limones
- 1 cucharada de aceite de cacahuate

HONGOS

- 3 cucharadas de aceite de girasol
- 4 cucharadas de pasta de curry rojo
- 500 gramos (1 lb) de mezcla de hongos frescos (shiitake, setas, castaña, portobello, trompeta), partidos a la mitad o en cuartos si son muy grandes
- 150 gramos (5 oz) de champiñones
- 1 zanahoria, cortada en tiras del tamaño de un cerillo
- 1 pimiento (capsicum) amarillo, sin semillas y cortado en tiras delgadas
- 1⅔ taza (400 ml) de leche de coco
- Sal y pimienta negra recién molida
- ½ taza (25 g) de hojas de cilantro
- 1 limón verde, partido en cuartos
- Tallarines tailandeses o arroz jazmín al vapor, para acompañar

1. **Para preparar la pasta de curry rojo,** fría en seco las semillas de cilantro y comino en una sartén pequeña a fuego medio durante un minuto, hasta que aromaticen. Muela las semillas en un mortero o molino de especias hasta pulverizar.
2. **Coloque** el polvo de especias, lemongrass, chiles, jengibre, chalotes, ajo, páprika, sal, ralladura y jugo de limón y aceite en un procesador de alimentos y accione hasta obtener una pasta densa.
3. **Para preparar los hongos,** caliente el aceite en una olla o wok grande sobre fuego medio. Añada la pasta de curry rojo y saltee durante 1 ó 2 minutos, hasta que esté muy aromática.
4. **Agregue** la mezcla de hongos y saltee de 3 a 4 minutos, hasta que adquieran un poco de color y comiencen a suavizarse.
5. **Integre** los champiñones, zanahoria y pimiento. Vierta la leche de coco y lleve a ebullición. Disminuya el fuego y cocine a fuego lento de 8 a 10 minutos.
6. **Integre** el cilantro y adorne con las rebanadas de limón. Sirva caliente acompañando con los tallarines o el arroz.

papas con chile

Estas papas son un delicioso acompañamiento para el curry. Utilice papas bajas en almidón y ajuste la cantidad de chiles a su gusto.

De 4 a 6 porciones

10 minutos

10-15 minutos

1

- 1 kilogramo (2 lb) de papas, sin piel y cortadas en trozos de 4 cm ($1\frac{1}{2}$ in)
- 5 cucharadas (75 ml) de aceite de oliva extra virgen
- 3 chiles verdes largos, sin semillas y finamente rebanados
- 3 chiles rojos largos, sin semillas y finamente rebanados
- 1 diente de ajo, triturado
- $3\frac{1}{2}$ cucharaditas de cúrcuma molida
- Sal
- Ensalada de hortalizas verdes, para acompañar
- 1 taza (250 ml) de yogurt natural, para acompañar

1. **Hierva** las papas en agua con un poco de sal durante 5 ó 6 minutos, hasta que estén ligeramente crudas. Escurra.
2. **Caliente** el aceite en una sartén grande sobre fuego medio. Añada los chiles y el ajo. Saltee durante algunos segundos y añada la cúrcuma. Mezcle hasta integrar por completo.
3. **Añada** las papas y saltee durante 5 ó 6 minutos, hasta dorar ligeramente.
4. **Sazone** con sal y sirva caliente acompañando con la ensalada y el yogurt.

Si a usted le gustó esta receta, también le gustarán:

elotes a la parrilla con mantequilla de chile

46

dhal picante

264

spaghetti picante

276

dhal de lentejas tharka

Este platillo de la India está elaborado con lentejas rojas y amarillas secas. Las lentejas no se tienen que remojar pero asegúrese de enjuagarlas perfectamente bajo el chorro de agua fría.

De 4 a 6 porciones

20 minutos

30-40 minutos

1

LENTEJAS

- $1\frac{1}{3}$ taza (130 g) de lentejas rojas secas
- $1\frac{1}{3}$ taza (130 g) de lentejas amarillas secas
- 4 tazas (1 litro) de agua
- $1\frac{1}{2}$ cucharadita de sal
- $1\frac{1}{2}$ cucharadita de cúrcuma
- 1 cucharadita de mantequilla
- 2 chiles verdes largos

THARKA

- $1\frac{1}{2}$ cucharadita de semillas de comino
- $\frac{1}{4}$ taza (60 g) de mantequilla
- 1 cebolla grande, finamente picada
- 1 cucharada de jengibre fresco, finamente rallado
- $\frac{1}{4}$ cucharadita de semillas de cardamomo molidas
- 1 cucharadita de semillas de cilantro molidas
- $\frac{1}{2}$ cucharadita de pimienta negra recién molida
- 1 pizca de nuez moscada molida
- $\frac{1}{8}$ cucharadita de pimienta de cayena
- 2 dientes de ajo, finamente picados
- 3 cucharadas de jugo de limón amarillo recién exprimido
- $\frac{1}{2}$ taza (25 g) de cilantro fresco, finamente picado

1. **Coloque** los dos tipos de lentejas y el agua en una olla grande. Añada la sal, cúrcuma, mantequilla y chiles rojos enteros. Lleve a ebullición. Reduzca el fuego, tape y hierva a fuego lento de 25 a 35 minutos, mezclando ocasionalmente, hasta que las lentejas estén suaves. Agregue más agua caliente si el dhal está demasiado espeso.
2. **Para preparar la tharka,** fría en seco las semillas de comino en una sartén grande a fuego medio de 30 a 60 segundos, hasta que aromatice.
3. **Añada** la mantequilla y cuando esté derretida, integre la cebolla, todas las especias ralladas y molidas y la pimienta de cayena. Reduzca el fuego y cocine a fuego lento durante 5 minutos, mezclando frecuentemente.
4. **Añada** el ajo y saltee durante 5 ó 6 minutos, hasta que esté suave y dorado.
5. **Retire** los chiles de la mezcla de lentejas y deseche. Integre a la sartén y caliente por completo. El dhal debe tener la consistencia de un potaje; añada un poco de agua si está demasiado espeso.
6. **Justo antes de servir** integre el jugo de limón y adorne con cilantro. Sirva caliente.

espinacas con garbanzos

Este platillo morisco puede servirse como primer tiempo o como un almuerzo ligero acompañado con pan árabe y una ensalada de jitomate.

De 4 a 6 porciones
20 minutos
20-25 minutos
1

- **1 kilogramo (2 lb) de espinacas, sin tallos grandes**
- **Sal**
- **2 dientes de ajo grandes, sin piel**
- **1 rebanada de pan blanco, frito en aceite de oliva hasta dorar**
- **$\frac{1}{4}$ taza (60 ml) de aceite de oliva extra virgen**
- **1 cebolla española (amarilla-rojiza) mediana, rebanada en tiras delgadas**
- **$\frac{1}{2}$ cucharadita de chiles triturados**
- **1 cucharadita de semillas de cilantro molidas**
- **2 tazas (400 g) de garbanzos de lata, drenados y enjuagados**
- **1 cucharadita de vinagre de vino tinto**
- **1-2 cucharadas de agua**
- **1 cucharada de páprika ahumada dulce**

1. **Lave** las espinacas pero no las escurra. Coloque en una sartén junto con una pizca de sal, tape y cocine con el agua adherida a las hojas durante 3 ó 4 minutos, hasta que se marchiten. Escurra en un colador y cuando estén frías, presione para retirar el exceso de agua. Pique toscamente y reserve.
2. **Muela** el ajo con una pizca de sal en un mortero o molcajete. Añada el pan y muela hasta obtener migajas finas o muela los ingredientes en una licuadora. Reserve.
3. **Caliente** el aceite en una sartén grande y añada la mayor parte de la cebolla, reservando unas cuantas tiras para adornar. Saltee durante 5 minutos. Integre los chiles y las semillas de cilantro y cocine a fuego lento durante 5 minutos más, hasta que estén suaves y dorados.
4. **Añada** las espinacas y saltee durante un minuto. Integre los garbanzos y cocine durante 2 ó 3 minutos, hasta que estén calientes. Sazone con sal.
5. **Integre** las migas de pan con ajo, vinagre, agua y páprika, mezclando constantemente durante 1 ó 2 minutos. Si la mezcla está muy seca, añada otra cucharada de agua.
6. **Cubra** con la cebolla reservada y sirva caliente.

Si a usted le gustó esta receta, también le gustarán:

dhal de lentejas tharka

260

dhal picante

264

estofado de frijoles mungo

266

dhal picante

Las lentejas son una buena fuente de proteína y ácido fólico y una excelente fuente de fibra dietética. Los alimentos ricos en fibra ayudan a reducir el colesterol y a controlar los niveles de azúcar en la sangre.

Rinde 4 porciones
15 minutos
30-40 minutos
1

- 1 taza (100 g) de lentejas rojas
- 3 tazas (750 ml) de agua
- 1 trozo (2.5 cm/1 in) de jengibre, sin piel
- 1 raja de canela
- 2 cucharaditas de cúrcuma molida
- 2 cucharadas de aceite vegetal o mantequilla clarificada
- 1 cebolla grande, finamente rebanada
- 2 dientes de ajo, finamente picados
- 1 cucharadita de semillas de comino
- 1 cucharada de semillas de mostaza amarilla
- 2 cucharaditas de hojuelas de chile rojo
- 2 chiles verdes grandes, partidos longitudinalmente a la mitad
- 2 cucharadas de jugo de limón amarillo recién exprimido
- 3 cucharadas de cilantro fresco, finamente picado
- Sal y pimienta negra recién molida
- Pan naan, para acompañar

1. **Mezcle** las lentejas, agua, jengibre, canela y cúrcuma en una olla grande y lleve a ebullición. Reduzca el fuego y hierva a fuego lento de 25 a 35 minutos, mezclando ocasionalmente, hasta que las lentejas estén suaves. Retire la canela y el jengibre y reserve.
2. **Caliente** el aceite o mantequilla clarificada en una sartén grande sobre fuego medio. Añada la cebolla y el ajo y saltee durante 3 ó 4 minutos, hasta que estén suaves. Añada las semillas de comino y mostaza, hojuelas de chile rojo y los chiles verdes y cocine a fuego lento durante 2 ó 3 minutos, hasta que aromaticen.
3. **Añada** la mezcla de cebolla a las lentejas y cocine a fuego lento durante 5 minutos. Integre el jugo de limón amarillo y el cilantro. Sazone con sal y pimienta.
4. **Sirva** caliente acompañando con pan naan.

Si a usted le gustó esta receta, también le gustarán:

espinacas con garbanzos

262

estofado de frijoles mungo

266

chili de frijol caupí

268

estofado de frijoles mungo

Los frijoles mungo son unos frijoles verdes y pequeños originarios del subcontinente de la India. Son ricos en proteína magra y fibra dietética.

Rinde 4 porciones
15 minutos
12 horas
25-30 minutos
1

- 1 ½ taza (300 g) de frijoles mungo, remojados en agua durante toda la noche
- 2 cucharadas de aceite vegetal
- 1 cebolla morada, picada
- 2 dientes de ajo, triturados
- 150 gramos (5 oz) de calabaza, sin piel y cortada en cubos de 1 cm (½ in)
- 1 pimiento (capsicum) verde, cortado en cubos
- 2 tazas (400 g) de jitomates de lata cortados en cubos, con su jugo
- 2 chiles verdes grandes, sin semillas y finamente picados
- ½ cucharadita de pimienta de cayena
- 1 ½ taza (325 ml) de caldo de verduras (vea página 96)
- Sal y pimienta negra recién molida

1. **Escurra** los frijoles mungo, coloque en una olla grande, cubra con agua y lleve a ebullición. Hierva a fuego lento alrededor de 10 minutos, hasta que los frijoles estén suaves y el agua se haya evaporado. Retire del fuego. Utilice un prensador de papas para machacar los frijoles toscamente.
2. **Caliente** el aceite en una olla grande a fuego medio. Añada la cebolla y el ajo y saltee durante 3 ó 4 minutos, hasta que estén suaves. Agregue la calabaza, pimiento, jitomates, chiles y pimienta de cayena y cocine a fuego lento durante 5 minutos. Añada los frijoles mungo y el caldo, mezcle hasta integrar por completo y cocine a fuego lento de 10 a 15 minutos, hasta que la salsa esté espesa.
3. **Sazone** con sal y pimienta y sirva caliente.

Si a usted le gustó esta receta, también le gustarán:

dhal de lentejas tharka

260

espinacas con garbanzos

262

dhal picante

264

chili de frijol caupí

Si cuenta con poco tiempo, utilice frijoles de lata. Este platillo puede prepararse con anticipación y recalentarse, pero agregue el queso justo antes de servir.

- De 4 a 6 porciones
- 15 minutos
- 12 horas
- 25-30 minutos
- 1

- 250 gramos (8 oz) de frijol caupí (o 4 tazas/800 g de caupí de lata)
- 3 cucharadas de aceite de oliva extra virgen o aceite de cacahuate
- 1 cebolla grande
- 1 cucharada de jengibre fresco, finamente rallado
- 1 cucharadita de cilantro molido
- 2 chiles verdes, sin semillas y finamente rebanados
- 1 pimiento (capsicum) verde, finamente rebanado
- 1–2 cucharaditas de salsa harissa (vea página 30)
- 1 cucharada de pasta de jitomate (concentrado)
- 2 calabacitas (zucchini/courgettes) medianas, toscamente ralladas
- 3 cucharaditas de vinagre balsámico
- 2/3 taza (100 g) de chabacanos secos, finamente picados
- 4 tazas (800 g) de jitomates de lata, con su jugo
- 1/4 cucharadita de sal
- Sal y pimienta negra recién molida
- 1 taza (125 g) de queso fuerte (cheddar, pecorino), rallado
- 1 cucharada de perejil fresco, finamente picado, para adornar
- Cuscús, arroz o tortillas, para acompañar

1. **Remoje** los frijoles en agua fría durante 12 horas o toda la noche. Pase los frijoles remojados a una olla con el líquido. Rellene la olla con más agua hasta cubrir los frijoles y lleve a ebullición. Tape y hierva a fuego lento de 45 a 60 minutos, hasta que estén suaves. Escurra y reserve.
2. **Caliente** el aceite en una olla grande a fuego medio. Añada la cebolla y saltee durante 3 ó 4 minutos, hasta que esté suave.
3. **Integre** el jengibre, cilantro, chiles y pimiento y saltee durante 2 minutos.
4. **Reduzca el fuego** e integre una cucharadita de salsa harissa, pasta de jitomate y calabacitas. Cocine durante 3 minutos, mezclando continuamente.
5. **Integre** el vinagre y los chabacanos y mezcle hasta integrar por completo. Agregue los jitomates, frijoles y sal. Cocine a fuego lento de 5 a 10 minutos, hasta que los frijoles estén calientes. Sazone al gusto con sal y pimienta, integrando más salsa harissa si lo desea.
6. **Integre** el queso al chili y acompañe con cuscús, arroz o tortillas.

chiles jalapeños rellenos

Elija chiles jalapeños grandes y regordetes para preparar esta receta. El relleno de camote amarillo y salsa de yogurt y menta reduce el picor.

De 4 a 6 porciones

30 minutos

15-20 minutos

2

RELLENO

- 1/4 taza (60 ml) de aceite de oliva extra virgen
- 1 cebolla mediana, finamente picada
- 1/4 cucharadita de cúrcuma
- 1/4 cucharadita de comino molido
- 2 camotes amarillos grandes, hervidos, sin piel y machacados
- 1 cucharada de cilantro fresco, finamente picado
- Sal y pimienta negra recién molida
- 1-2 cucharaditas de jugo de limón amarillo recién exprimido
- 10 chiles jalapeños grandes
- 3 cucharadas de aceite de oliva extra virgen
- 1/2 cucharadita de semillas de mostaza
- 1/2 cucharadita de semillas de comino
- 1/2 cucharadita de semillas de hinojo

SALSA DE MENTA

- 3/4 taza (200 ml) de yogurt natural
- 1/3 taza (100 g) de queso de cabra suave y fresco
- 1 diente de ajo pequeño, finamente picado
- 12 hojas de menta fresca, finamente picadas
- Una pizca de sal
- 1-2 cucharadas reservadas del aceite de cocción

1. **Para preparar el relleno,** caliente el aceite a fuego medio. Añada la cebolla y saltee durante 3 ó 4 minutos, hasta que esté suave. Integre la cúrcuma y el comino y saltee alrededor de un minuto, hasta que aromaticen.
2. **Pase** a un tazón y mezcle con el camote y el cilantro. Sazone con sal y pimienta e integre el jugo de limón amarillo. Reserve.
3. **Coloque** los chiles en un tazón refractario grande y blanquee en agua hirviendo con sal durante 2 minutos. Escurra sobre toallas de papel.
4. **Haga un corte** a lo largo de cada chile con ayuda de un cuchillo filoso. Saque las semillas y el centro. Rellene los chiles con la mezcla de camote amarillo.
5. **Caliente** el aceite en una sartén grande sobre fuego medio-bajo y añada las semillas de mostaza y comino. Fría durante 30 segundos, hasta que empiecen a tronar, y espolvoree con las semillas de hinojo.
6. **Reduzca** el fuego y añada los chiles. Fría de 7 a 10 minutos, volteando frecuentemente y asegurándose de que no pierdan su forma. Pase a un platón precalentado. Reserve el aceite de cocción.
7. **Para preparar la salsa de menta,** mezcle el yogurt y el queso en un tazón pequeño, hasta obtener una mezcla tersa. Integre el ajo, menta y sal. Agregue el aceite de cocción reservado.
8. **Sirva** los chiles acompañando con la salsa.

tortas de papa a la pimienta con guacamole

Estas tortas son deliciosas para un brunch o almuerzo. Puede utilizar cualquier tipo de papas o inclusive, camotes amarillos.

Rinde 4 porciones

25 minutos

60-80 minutos

2

500 gramos (1 lb) de papas
4 cucharadas (60 g) de mantequilla
1 cebolla, finamente picada
¼ cucharadita de pimienta negra, toscamente molida
2 cucharadas de aceite vegetal
1 pimiento (capsicum) rojo asado (fresco o de frasco), picado en cubos
1 chile rojo pequeño, finamente picado
1 cucharadita de semillas de comino
1 diente de ajo, triturado
3 cucharadas de cilantro fresco, finamente picado
2 cucharadas de harina de trigo (simple)
1 huevo, ligeramente batido
Sal y pimienta negra recién molida

PARA FREÍR

1 cucharada de mantequilla
2 cucharadas de aceite de cacahuate

GUACAMOLE

2 aguacates, sin piel y picados
Jugo recién exprimido de 2 limones verdes
1 cucharada de aceite de aguacate
1 chile rojo, sin semillas y finamente picado
1 cucharada de hojas de cilantro fresco, finamente picadas
Sal y pimienta, al gusto

1. **Precaliente** el horno a 200°C (400°F/gas 6). Coloque las papas sobre una charola para hornear y hornee de 40 a 60 minutos (dependiendo de su tamaño), hasta que estén totalmente cocidas. Deje enfriar ligeramente.
2. **Mientras** las papas se hornean, derrita 3 cucharadas de la mantequilla en una sartén pequeña sobre fuego medio. Saltee la cebolla alrededor de 5 minutos, hasta que esté dorada. Pase a un tazón.
3. **Retire** la piel de las papas con ayuda de un cuchillo filoso mientras aún estén calientes o corte en mitades, retire el interior y coloque en el tazón con la cebolla. Añada pimienta negra y machaque hasta obtener un puré. Reserve.
4. **Caliente** el aceite y la cucharada restante de mantequilla en la misma sartén y saltee el pimiento, chile, semillas de comino, ajo y cilantro durante un minuto, hasta que aromatice.
5. **Mezcle** con el puré de papa y cebolla. Integre la harina y el huevo. Sazone con sal y pimienta y mezcle hasta integrar por completo. Con las manos húmedas o cubiertas con harina, amase haciendo aproximadamente 8 tortas.
6. **Para freír,** caliente la mantequilla y el aceite de cacahuate en una sartén grande sobre fuego medio. Cuando comience a chisporrotear ligeramente, añada las tortas. Fría durante 3 ó 4 minutos, hasta que estén doradas por abajo. Voltee y cocine durante 3 ó 4 minutos, hasta que estén crujientes. Escurra sobre toallas de papel.
7. **Poco antes** de que las tortas estén listas, machaque los aguacates con el jugo de limón en un tazón pequeño. Integre el chile y el cilantro y sazone con sal y pimienta. Sirva las tortas calientes acompañando con el guacamole.

hamburguesas de falafel de menta y chícharo con salsa de chile

Para los falafels más pequeños, del tamaño de una bola de golf, reduzca el tiempo de freír a 2 minutos por cada lado.

Rinde 4 porciones
20 minutos
30 minutos
10 minutos

2

SALSA

- 2 cebollas moradas, sin piel y finamente picadas
- 2 pimientos (capsicums) rojos, sin semillas y finamente picados
- 2 chiles rojos pequeños, finamente picados
- 1 jitomate saladet, sin piel ni semillas y finamente picado
- 2 cucharadas de hojas de cilantro fresco, finamente picadas
- 1 cucharada de aceite de oliva extra virgen
- Ralladura fina de 1 limón verde
- Jugo recién exprimido de 2 limones verdes
- ⅛ cucharadita de sal

FALAFEL

- 1½ taza (185 g) de chícharos congelados
- 3 cucharadas de aceite de girasol
- 1 cebolla blanca pequeña, finamente picada
- 4 tazas (800 g) de garbanzos de lata, drenados
- 2 dientes de ajo, triturados
- 1½ cucharadita de comino molido
- ½ cucharadita de cilantro molido
- 1 chile rojo largo, sin semillas y finamente picado
- 3 cucharadas de hojas de menta fresca, finamente picadas
- 1¾ taza (100 g) de pan blanco molido
- 1 huevo
- Sal y pimienta negra recién molida
- Pan para hamburguesa o focaccia, para acompañar

1. **Para preparar la salsa,** mezcle todos los ingredientes en un tazón. Refrigere el tiempo necesario.
2. **Para preparar el falafel,** blanquee los chícharos en agua hirviendo durante un minuto. Escurra y usando una cuchara, pase a un procesador de alimentos.
3. **Caliente** una cucharada del aceite en una sartén grande a fuego medio y saltee la cebolla durante 4 ó 5 minutos, hasta dorar. Usando una cuchara pase al procesador de alimentos.
4. **Coloque** todos los demás ingredientes, excepto el aceite restante, en el procesador de alimentos y pique hasta obtener un puré grueso. Sazone con sal y pimienta.
5. **Haga** 8 hamburguesas con las manos húmedas o engrasadas con aceite. Tape y refrigere durante 30 minutos o más, hasta el momento de servir.
6. **Caliente** las 2 cucharadas restantes de aceite en la sartén. Fría las hamburguesas a fuego medio sin mover ni voltear durante 4 ó 5 minutos, hasta dorar las bases. Voltee cuidadosamente con ayuda de una espátula y fría durante 4 ó 5 minutos, hasta dorar por ambos lados.
7. **Sirva** en pan para hamburguesas o focaccia acompañando con la salsa de chile.

spaghetti picante

Éste es un platillo fácil y rápido que a todos les gustará.

De 4 a 6 porciones
10 minutos
10-12 minutos

 1

- 500 gramos (1 lb) de spaghetti
- ½ taza (125 ml) de aceite de oliva extra virgen + el necesario para rociar
- 2 chiles rojos, finamente rebanados
- 4 dientes de ajo, rebanados
- 1 puño de perejil fresco, finamente picado
- 1 puño grande de queso parmesano recién rallado + el necesario para acompañar
- Sal y pimienta negra recién molida

1. **Cocine** el spaghetti en una olla grande con agua hirviendo con sal de 10 a 12 minutos, hasta que esté al dente.
2. **Caliente** el aceite en una sartén pequeña a fuego lento y añada el chile y el ajo. Permita que liberen su sabor (sin humear) a fuego lento; apague el fuego si el ajo comienza a dorarse.
3. **Cuando** el spaghetti esté cocido, escurra en un colador, reservando un poco del líquido de cocción y coloque nuevamente en la olla. Rocíe con un poco de aceite.
4. **Aumente** el fuego debajo de la sartén y caliente el aceite durante 1 ó 2 minutos, asegurándose de que el ajo no se queme. Añada el perejil.
5. **Vierta** el aceite picante en la olla con el spaghetti, añadiendo una cucharada del líquido de cocción. Espolvoree con el queso parmesano y mezcle hasta integrar por completo.
6. **Divida** entre cuatro ó seis tazones de servicio. Añada más queso parmesano y pimienta negra; sirva caliente.

Si a usted le gustó esta receta, también le gustarán:

pesto de chile con linguine

lasaña picante de verduras y lentejas

pesto de chile con linguine

La albahaca pertenece a la misma familia que la menta. Ayuda a la digestión y actúa como un sedante ligero. También es utilizado para aliviar dolores de cabeza.

Rinde 4 porciones

10 minutos

10-12 minutos

1

500 gramos (1 lb) de linguine
2 tazas (100 g) de hojas de albahaca fresca
4 chiles rojos grandes, sin semillas y toscamente picados
2 dientes de ajo, toscamente picados
½ cucharadita de sal
⅔ taza (120 g) de piñones, ligeramente tostados
⅓ taza (50 g) de queso parmesano recién rallado
⅓ taza (50 g) de queso pecorino recién rallado
⅓ taza (90 ml) de aceite de oliva extra virgen

1. **Cocine** el linguine en una olla grande con agua hirviendo con sal de 10 a 12 minutos, hasta que esté al dente.
2. **Mezcle** la albahaca, chiles, ajo y sal en un procesador de alimentos y mezcle durante 5 segundos. Añada los piñones, ambos quesos y la mitad del aceite y mezcle durante 5 segundos más. Baje la salsa de las paredes, añada el aceite restante y mezcle hasta formar una salsa espesa.
3. **Escurra** la pasta, mezcle con la salsa de pesto y sirva caliente.

Si a usted le gustó esta receta, también le gustarán:

spaghetti picante

lasaña picante de verduras y lentejas

arroz con cúrcuma

Este delicioso platillo de arroz es fácil y rápido de preparar y un magnífico platillo para el almuerzo. Varíe las verduras según la estación del año y lo que tenga a la mano.

Rinde 4 porciones
20 minutos
15-20 minutos
1

3 cucharadas de aceite de cacahuate
1–2 cucharaditas de salsa zough o harissa (vea páginas 20 y 30)
1 cebolla, finamente picada
1 pimiento (capsicum) rojo grande, sin semillas y cortado en tiras de 2 cm (3/4 in)
1 chile verde largo, sin semillas y finamente rebanado
1 diente de ajo, finamente rebanado
1 taza (200 g) de arroz de grano largo
3 tazas (750 ml) de caldo de verduras (vea página 96)
2 cucharaditas de cúrcuma
2 tazas (400 g) de garbanzos de lata, drenados
100 gramos (3 oz) de chícharos chinos o ejotes, sin puntas y partidos en mitades
1 taza (100 g) de floretes de brócoli
Sal y pimienta negra recién molida
1/2 taza (25 g) de cilantro fresco, finamente picado
2–3 cucharadas de jugo de limón amarillo recién exprimido

1. **Caliente** el aceite en una olla grande e integre la salsa zough o harissa. Continúe mezclando durante algunos segundos sobre fuego medio y añada la cebolla. Saltee durante 3 ó 4 minutos, hasta que esté suave.
2. **Añada** el pimiento, chile y ajo y saltee durante 2 minutos.
3. **Añada** el arroz y saltee alrededor de un minuto, hasta que se cubra y esté brillante.
4. **Añada** el caldo e integre la cúrcuma. Lleve a ebullición y cuando suelte el hervor, reduzca el fuego y hierva a fuego lento durante 8 minutos.
5. **Integre** los garbanzos y los chícharos, añadiendo un poco más de agua si todo el líquido se ha consumido por completo. Coloque el brócoli sobre la superficie. Tape la olla y hierva a fuego lento de 6 a 8 minutos, hasta que el arroz y las verduras estén suaves.
6. **Sazone** con sal y pimienta y cubra con el cilantro y jugo de limón amarillo. Sirva caliente.

Si a usted le gustó esta receta, también le gustarán:

spaghetti picante

276

pesto de chile con linguine

278

berenjenas rellenas con arroz al azafrán

286

lasaña picante de verduras y lentejas

La lasaña es siempre todo un éxito. Este platillo es suficientemente sustancioso para servir como plato único.

Rinde 8 porciones

30 minutos

60-75 minutos

3

LASAÑA

- 3 cucharadas de aceite de oliva extra virgen
- 1 cebolla grande, toscamente picada
- 2 dientes de ajo, finamente picados
- 1 chile rojo grande, sin semillas y finamente picado
- 2 cucharaditas de comino molido
- 1 cucharadita de semillas de cilantro molidas
- 1 cucharadita de chile en polvo
- ½ cucharadita de cúrcuma molida
- 2 calabacitas (zucchini/courgettes)
- 1 zanahoria, toscamente rallada
- 150 gramos (5 oz) de champiñones, finamente rebanados
- 4 tazas (800 g) de jitomates enteros de lata, toscamente picados
- 1 cucharada de pasta de jitomate (concentrado)
- 1 cucharadita de azúcar
- 2 tazas (400 g) de lentejas cafés de lata, drenadas
- Sal y pimienta negra recién molida
- 2 paquetes (250 g/ 8 oz) de láminas de lasaña

SALSA DE QUESO

- 3 cucharadas de mantequilla
- 3 cucharadas de harina de trigo (simple)
- 2 tazas (500 ml) de leche, caliente
- 2 tazas (250 g) de queso cheddar, toscamente rallado
- Sal y pimienta blanca recién molida

1. **Precaliente** el horno a 180°C (350°F/gas 4).
2. **Para preparar la lasaña,** caliente el aceite en una olla grande y gruesa sobre fuego medio-bajo. Añada la cebolla, ajo y chile y saltee durante 3 ó 4 minutos, hasta que estén suaves. Añada el comino, semillas de cilantro y chile en polvo, cúrcuma y saltee alrededor de un minuto, hasta que aromaticen.
3. **Agregue** la calabacita, zanahoria, champiñones, jitomates, pasta de jitomate y azúcar y lleve a ebullición. Reduzca a fuego lento, añada las lentejas y hierva de 15 a 20 minutos, hasta que las verduras estén suaves y la salsa esté espesa. Sazone con sal y pimienta.
4. **Para preparar la salsa de queso,** derrita la mantequilla en una olla mediana a fuego lento. Añada la harina y cocine, mezclando constantemente, alrededor de un minuto, hasta que la harina esté cocida pero no se haya dorado. Vierta gradualmente la leche, mezclando constantemente. Continúe cocinando a fuego lento de 5 a 10 minutos, mezclando constantemente, hasta que la salsa se espese y haya soltado el hervor. Retire del fuego e integre la mitad del queso.
5. **Engrase ligeramente** con mantequilla un refractario grande y profundo.
6. **Vierta** una cuarta parte de la salsa sobre la base del refractario preparado. Cubra con láminas de lasaña, y repita la operación para hacer una segunda capa. Unte con la mitad de la salsa de queso. Coloque otras dos capas utilizando el relleno y las láminas de lasaña. Vierta la salsa restante sobre la superficie y espolvoree con el queso restante.
7. **Hornee** de 35 a 40 minutos, hasta que la pasta esté cocida y la superficie se haya dorado. Sirva caliente.

calzone con berenjena picante y pimiento asado

Prepare los calzone con anticipación y hornee justo antes del momento de servir.

Rinde 4 porciones
30 minutos
$1^1/2$–2 horas
25–30 minutos

2

- 1 receta de Masa para Pizza (vea página 48)

RELLENO

- 3 cucharadas de aceite de oliva extra virgen + el necesario para barnizar
- 1 berenjena (aubergine) mediana, cortada en cubos de 2 cm ($^3/_4$ in)
- 1 diente de ajo, finamente picado
- 1 cucharadita de hojuelas de chile rojo
- 1 cucharadita de páprika ahumada
- 250 gramos (8 oz) de pimientos (capsicums) asados, de frasco, finamente rebanados
- 1 taza (250 ml) de passata de jitomate (jitomates machacados colados)
- 4 cucharadas de perejil fresco, finamente picado
- Sal y pimienta negra recién molida
- 250 gramos (8 oz) de queso mozzarella, toscamente rallado

1. **Para preparar la masa para pizza,** siga las instrucciones de la página 48. Reserve y deje levar de $1^1/2$ a 2 horas, hasta que haya duplicado su tamaño.
2. **Para preparar el relleno,** caliente el aceite en una olla mediana sobre fuego medio. Añada la berenjena, ajo, hojuelas de chile rojo y páprika y saltee de 5 a 7 minutos, hasta que se dore. Añada los pimientos y la passata de jitomate y hierva a fuego lento durante 5 minutos. Retire del fuego, integre el perejil y sazone con sal y pimienta. Pase a un tazón y refrigere hasta que esté frío.
3. **Coloque la masa** sobre una superficie de trabajo limpia y presione, para sacar todo el aire. Divida la masa en cuatro porciones iguales y coloque sobre una charola para hornear ligeramente engrasada con aceite. Tape con una toalla de cocina y reserve en un lugar cálido alrededor de 30 minutos, hasta que haya duplicado su tamaño.
4. **Precaliente** el horno a 250°C (475°F/gas 9). Precaliente dos charolas para pizza de 25 cm (10 in) en el horno durante 5 minutos. Engrase ligeramente con aceite.
5. **Extienda** dos porciones de la masa con ayuda de un rodillo sobre una superficie de trabajo espolvoreada con un poco de harina para hacer dos círculos de 25 cm (10 in) de diámetro y coloque sobre las charolas para pizza. Usando una cuchara cubra la mitad de cada base para pizza con una cuarta parte del relleno. Espolvoree con una cuarta parte del queso mozzarella. Doble la masa para cubrir el relleno, pellizque las orillas para sellar. Barnice con aceite y hornee durante 15 minutos o hasta que estén dorados y crujientes.
6. **Repita** la operación con la masa y el relleno restantes. Sirva calientes.

berenjenas rellenas con arroz al azafrán

Rinde 4 porciones
15 minutos
30 minutos
45-50 minutos

1

BERENJENAS
4 berenjenas (aubergines) pequeñas
Sal
$\frac{1}{4}$ taza (60 ml) de aceite de oliva extra virgen
2 cebollas medianas, picadas en cubos pequeños
2 dientes de ajo, finamente picados
2 chiles rojos pequeños, sin semillas y finamente picados
1 cucharadita de jengibre fresco, finamente rallado
$\frac{1}{2}$ cucharadita de semillas de mostaza negra
1 cucharadita de comino molido
1 cucharadita de garam masala
8 hojas de curry
3 cucharadas de cilantro, finamente picado
3 jitomates medianos, picados en cubos

ARROZ AL AZAFRÁN
1 $\frac{1}{2}$ taza (300 g) de arroz jazmín
2 tazas (500 ml) de agua
1 cucharada de mantequilla
2 pizcas de pistilos de azafrán

1. **Para preparar las berenjenas,** corte longitudinalmente en cuartos, manteniendo los tallos intactos. Espolvoree el interior de cada rebanada con sal y coloque en un colador durante 30 minutos para extraer el sabor amargo. Enjuague la sal bajo el chorro de agua fría y seque con toallas de papel.
2. **Precaliente** el horno a 200°C (400°F/gas 6).
3. **Caliente** el aceite en una sartén mediana sobre fuego medio-bajo. Añada la cebolla, ajo, chile y jengibre y saltee durante 3 ó 4 minutos, hasta que estén suaves. Agregue las semillas de mostaza, comino, garam masala y hojas de curry y saltee durante 1 ó 2 minutos, hasta que las semillas truenen y las especias aromaticen. Agregue los jitomates y mezcle para cubrir. Retire del fuego e integre el cilantro.
4. **Coloque** las berenjenas en un refractario. Coloque la mezcla de jitomate a las especias entre los trozos de berenjenas, espolvoreando el sobrante sobre la superficie. Hornee de 40 a 45 minutos, hasta que estén suaves, volteando una vez para asegurar que se cocinen de manera uniforme.
5. **Para preparar el arroz al azafrán,** enjuague el arroz bajo el chorro de agua fría hasta que el agua salga casi transparente. Coloque el arroz, agua, mantequilla y azafrán en una olla mediana y lleve a ebullición. Reduzca a fuego lento, tape y hierva alrededor de 15 minutos, hasta que el agua se haya consumido. Retire del fuego, mantenga tapado y reserve durante 5 minutos para terminar la cocción.
6. **Sirva** las berenjenas calientes acompañando con el arroz al azafrán.

Postres y Bebidas

té picante de jengibre

El jengibre siempre ha sido valorado por sus propiedades culinarias y medicinales. Se usa para tratar el mareo, náuseas, náuseas de embarazo, dolores causados por artritis, migrañas e inflamación.

Rinde 4 porciones
10 minutos
10 minutos
10 minutos

1

- **2** tazas (500 ml) de agua
- **30** gramos (2 oz) de jengibre fresco, sin piel y finamente rebanado
- **½** tallo de lemongrass, machacado
- **½** raja de canela
- **2** clavos de olor enteros
- **1** vaina de cardamomo, amortajada
- **3** cucharadas de azúcar

1. **Mezcle** el agua, jengibre, lemongrass, canela, clavos y cardamomo en una olla pequeña sobre fuego medio y lleve a ebullición. Retire del fuego, tape y deje remojar durante 10 minutos.
2. **Agregue** el azúcar, coloque de nuevo sobre el fuego y lleve a ebullición sobre fuego medio-alto. Disminuya el fuego y hierva a fuego lento durante 2 ó 3 minutos, mezclando de vez en cuando, hasta que el azúcar de disuelva.
3. **Vierta** a través de un colador de malla fina colocado sobre las tazas de servicio. Sirva caliente.

Si a usted le gustó esta receta, también le gustará:

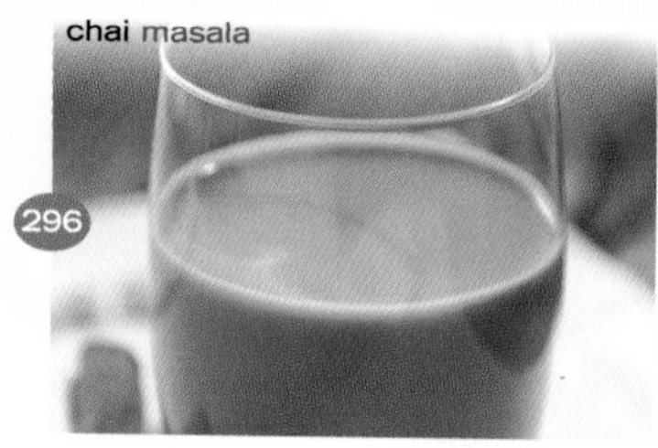

lassi picante

El lassi es una bebida dulce de yogurt condimentado, originaria del norte de la India y Pakistán.

Rinde 4 porciones
10 minutos
2 horas
1

- 3 mangos grandes maduros, sin piel ni hueso y picados
- 1 chile rojo grande, sin semillas y picado
- $1\frac{3}{4}$ taza (450 g) de yogurt natural
- 1 taza (250 ml) de buttermilk o leche
- 1 cucharada de miel de abeja
- Ralladura fina y jugo de un limón verde
- 1 chile rojo pequeño, sin semillas y finamente rebanado, para decorar

1. **Mezcle** los mangos, el chile rojo grande, yogurt, buttermilk, miel, jugo y ralladura de limón en una licuadora o extractor de jugos hasta obtener una mezcla tersa.
2. **Pruebe** y agregue más miel si lo desea. Refrigere durante 2 horas.
3. **Sirva** en vasos altos previamente enfriados en el refrigerador y decore con el chile rebanado.

Si a usted le gustó esta receta, también le gustará:

ruibarbo sazonado al horno con crema de vainilla
300

café sazonado con cardamomo

El cardamomo ha sido utilizado en la medicina china desde los primeros tiempos, y hoy en día se sigue usando como auxiliar para la digestión, como carminativo y estimulante. Tiene un delicioso y refrescante sabor.

De 4 a 6 porciones
5 minutos
2 minutos
5 minutos

1

- **1 ½ taza (375 ml) de agua**
- **2 cucharadas de café turco en polvo**
- **2 vainas de cardamomo, abiertas**
- **3 cucharadas de azúcar superfina (caster)**

1. **Mezcle** el agua, café, cardamomo y azúcar en una olla pequeña y lleve a ebullición sobre fuego medio. Retire del fuego, mezcle y deje enfriar durante un minuto. Repita la operación hirviendo, mezclando y dejando enfriar dos veces más.
2. **Vierta** el café dentro de 4 ó 6 tazas o vasos pequeños. Deje reposar durante un minuto para que se asiente. Sirva caliente.

Si a usted le gustó esta receta, también le gustará:

chai masala

296

chai masala

Chai significa té en varias partes del mundo. Esta sabrosa y condimentada receta proviene de la India. Nuestra receta para la mezcla de especias rinde 24 porciones. Almacene en un recipiente hermético dentro del refrigerador.

Rinde 2 porciones

10 minutos

8 minutos

5 minutos

1

MEZCLA DE ESPECIAS

- 1 cucharada de nuez moscada en polvo
- 1 cucharada de pimienta negra molida
- ½ cucharada de canela en polvo
- 1 cucharadita de cardamomo molido
- ½ cucharadita de jengibre en polvo
- ¼ cucharadita de clavo de olor en polvo

CHAI

- 1 taza (250 ml) de agua
- 1 taza (250 ml) de leche
- 2–3 cucharaditas de azúcar
- 2 cucharadas de té negro

1. **Para preparar la mezcla de especias,** coloque la nuez moscada, pimienta, canela, cardamomo, jengibre y clavo de olor en un frasco pequeño con tapa. Cierre y agite muy bien hasta integrar por completo.
2. **Para preparar el chai,** coloque una cucharada de mezcla de especias junto con el agua en una olla pequeña y lleve a ebullición sobre fuego medio. Retire del fuego, tape y deje reposar durante 5 minutos.
3. **Agregue** la leche y el azúcar, coloque de nuevo sobre el fuego y lleve a ebullición. Agregue el té, retire del fuego, tape y deje reposar durante 3 minutos más.
4. **Cuele** a través de un colador de malla fina colocado sobre 2 tazas o vasos. Sirva inmediatamente.

Si a usted le gustó esta receta, también le gustará:

café sazonado con cardamomo

294

bloody mary

Este clásico coctel fue inventado en la década de los '20 como un remedio contra la cruda. Para preparar un Virgin Mary, que no lleva alcohol, simplemente omita el vodka.

Rinde 1 porción

5 minutos

1

Hielos
45 ml (1 ½ oz) de vodka
½ taza (125 ml) de jugo de jitomate
2 cucharaditas de jugo de limón amarillo recién exprimido
3 chorritos de salsa inglesa
1 chorrito de salsa picante tipo Tabasco
1 pizca de sal de apio
Pimienta negra recién molida, para acompañar
1 tallo de apio, para decorar

1. **Llene** dos terceras partes de una martinera con hielo. Agregue el vodka, jugo de jitomate, jugo de limón, salsa inglesa y salsa picante y agite vigorosamente.
2. **Cuele** y vierta dentro de un vaso de high ball con hielos hasta la mitad. Sazone con sal de apio y pimienta. Agregue el apio, mezcle suavemente y sirva.

Si a usted le gustó esta receta, también le gustará:

gazpacho picante

80

ruibarbo sazonado al horno con crema de vainilla

En la cocina del medio oriente, el dukkah es una deliciosa mezcla de nueces, semillas y especias. El dukkah que sobre, puede almacenarse en un recipiente con cierre hermético hasta por 2 semanas.

Rinde 4 porciones
30 minutos
15 minutos
30-35 minutos

2

RUIBARBO

- 1/4 taza (60 ml) de agua
- 1/4 taza (50 g) de azúcar
- 1 raja de canela, troceada
- 1 trozo (5 cm/2 in) de jengibre fresco, sin piel y finamente rebanado
- 2 piezas de anís estrella
- 4 clavos de olor
- 3 tiras de cáscara de naranja
- 600 gramos (1 1/4 lb) de ruibarbo, cortado en trozos de 5 cm (2 in) de largo

DUKKAH DULCE

- 1/4 taza (40 g) de almendras
- 1/4 taza (40 g) de avellanas
- 3 cucharadas de semillas de ajonjolí, tostado
- 1 cucharadita de semillas de cilantro
- 1/2 cucharadita de pimienta de jamaica o mezcla de especias para tarta de calabaza
- 1/4 cucharadita de granos de pimienta negra enteros
- 1/2 cucharada de miel de abeja
- 2 cucharaditas de aceite de oliva extra virgen

CREMA DE VAINILLA

- 3/4 taza (180 ml) de crema para batir
- 1 cucharada de azúcar glass
- 1/2 vaina de vainilla, raspe y reserve las semillas

1. **Precaliente** el horno a 200°C (400°F/gas 6).
2. **Para preparar el ruibarbo,** mezcle el agua, azúcar, canela, jengibre, anís estrella, clavos de olor y cáscara de naranja en una olla pequeña y lleve a ebullición, mezclando ocasionalmente, hasta que el azúcar se disuelva.
3. **Acomode** el ruibarbo en una charola para hornear y bañe con el jarabe sazonado. Tape la charola con papel aluminio y hornee durante 10 minutos. Retire el papel aluminio y hornee de 10 a 15 minutos más, hasta que el ruibarbo se suavice pero mantenga su forma.
3. **Para preparar el dukkah,** forre una charola para hornear con papel encerado para hornear. Mezcle las almendras, avellanas y semillas de ajonjolí, cilantro, pimienta de jamaica y granos de pimienta en un tazón pequeño. Rocíe con la miel y el aceite y mezcle para cubrir.
4. **Extienda** la mezcla de dukkah sobre la charola preparada y ase durante 10 minutos, mezclando ocasionalmente, hasta que se dore. Retire del horno y deje reposar durante 15 minutos para que se enfríe. Pase a un procesador de alimentos y pique toscamente.
5. **Para preparar la crema de vainilla,** bata la crema y el azúcar con ayuda de una batidora hasta que se formen picos suaves. Agregue las semillas de vainilla y mezcle hasta integrar. Refrigere hasta el momento de usar.
6. **Sirva** el ruibarbo caliente cubriendo con una capa de crema de vainilla y espolvoreando con el dukkah.

compota de frutas y especias con yogurt meloso

Sirva este sustancioso y saludable postre durante las frías tardes de invierno. Las ciruelas pasas, higos y chabacanos secos son una excelente fuente de fibra dietética y contienen un alto valor energético y nutricional.

De 4 a 6 porciones

15 minutos

30 minutos

15 minutos

1

COMPOTA

- 4 tazas (1 litro) de agua
- 1 taza (200 g) de azúcar
- 1 raja de canela, troceada
- 3 vainas de cardamomo, abiertas
- 5 granos de pimienta negra
- 4 clavos de olor
- 1 pieza de anís estrella
- 2 tiras de cáscara de naranja
- 1 ½ taza (270 g) de higos secos
- 1 taza (190 g) de chabacanos secos
- 1 taza (180 g) de ciruelas pasas, sin huesos

YOGURT MELOSO

- 1 ½ taza (325 g) de yogurt natural
- 1 ½ cucharada (20 ml) de miel de abeja

1. **Para preparar la compota,** mezcle el agua, azúcar, canela, cardamomo, granos de pimienta, clavos de olor, anís estrella y cáscara de naranja en una olla grande sobre fuego medio y lleve a ebullición, mezclando ocasionalmente, hasta que el azúcar se disuelva.

2. **Disminuya** el fuego a lento, agregue los higos, chabacanos y ciruelas pasas y cocine durante 15 minutos, hasta que la fruta se suavice y el líquido adquiera la consistencia de un jarabe. Pase a un tazón grande y deje reposar durante 30 minutos, hasta que esté a temperatura ambiente. Tape y refrigere hasta el momento de usar.

3. **Para preparar el yogurt a la miel,** coloque el yogurt y la miel en un tazón pequeño y mezcle hasta integrar por completo.

4. **Sirva** la compota en 4 ó 6 tazones para postre y adorne con una cucharada de yogurt a la miel.

Si a usted le gustó esta receta, también le gustarán:

ruibarbo sazonado al horno con crema de vainilla

pudín de arroz con especias

frituras de plátano con corteza de chile y coco

pudín de arroz con especias

¡Un nuevo toque picante a un viejo favorito!

De 4 a 6 porciones
15 minutos
40-45 minutos
1

- 2 cucharadas de mantequilla
- 2 tazas (400 g) de arroz Arborio italiano
- 1 cucharadita de canela en polvo
- 1 cucharadita de cardamomo en polvo
- ½ cucharadita de jengibre en polvo
- ¼ cucharadita de pimienta de jamaica o mezcla de especias para tarta de calabaza
- 7 tazas (1.75 litros) de leche
- 1½ taza (300 g) de azúcar
- 1 taza (250 ml) de leche de coco
- Almendras tostadas, para decorar

1. **Derrita** la mantequilla en una sartén grande a fuego medio. Agregue el arroz, canela, cardamomo, jengibre y pimienta de jamaica y cocine durante un minuto, mezclando constantemente, hasta que el arroz quede bien cubierto de mantequilla y aromatice.
2. **Agregue** la leche y azúcar y lleve a ebullición. Reduzca el fuego a lento y cocine, mezclando frecuentemente de 35 a 40 minutos, hasta que se suavice el arroz.
3. **Agregue** la leche de coco y cocine alrededor de 5 minutos, hasta obtener una consistencia cremosa. Decore con las almendras tostadas y sirva caliente.

Si a usted le gustó esta receta, también le gustarán:

frituras de plátano con corteza de chile y coco
308

pudín de naranja con especias al vapor
312

crème brûlée de chocolate y especias

Si usted va a caramelizar el crème brûlée bajo un asador o salamandra caliente, colóquelo dentro de un plato con agua con hielo para que no se sobrecaliente y cuaje.

Rinde 4 porciones

30 minutos

2 1/4 horas

35–40 minutos

2

- 2 tazas (500 ml) de crema ligera (light)
- 2 chiles secos pequeños, triturados
- 1 cucharadita de pimienta de jamaica molida o mezcla de especias para tarta de calabaza
- ½ pieza de anís estrella
- 150 gramos (5 oz) de chocolate amargo de buena calidad, toscamente picado
- 4 yemas de huevo grandes
- ⅓ taza (70 g) de azúcar superfina (caster) + la necesaria para espolvorear

1. **Precaliente** el horno a 130°C (250°F/gas 1/2).
2. **Mezcle** la crema, chiles, pimienta de jamaica y anís estrella en una olla sobre fuego medio y lleve a ebullición. Retire del fuego, agregue el chocolate y mezcle hasta que se suavice. Deje reposar durante 15 minutos.
3. **Bata** las yemas de huevo y azúcar en un tazón mediano, hasta que estén pálidas y espesas. Agregue gradualmente la mezcla de chocolate, mezclando hasta integrar. Pase por un colador de malla fina colocado sobre una jarra y deseche los sólidos. Divida equitativamente la mezcla de chocolate entre 6 ramekins o refractarios individuales de 180 ml (3/4 taza).
4. **Forre** una charola para asar profunda con una toalla de cocina limpia y coloque los ramekins dentro de ella. Vierta suficiente agua dentro de la charola, hasta que cubra la mitad de los lados de los ramekins.
5. **Coloque** la charola con los ramekins dentro del horno y cocine de 25 a 30 minutos, hasta que se cuajen. Retire del horno y pase los crème brûlées a un platón de servicio. Refrigere mínimo durante 2 horas o hasta el momento de usar.
6. **Cuando esté listo para servirlos,** espolvoree uniformemente con una capa de azúcar. Limpie los bordes con un trapo limpio. Caramelice el azúcar usando un soplete para cocina o colocando durante 2 ó 3 minutos bajo un asador caliente. Sirva caliente.

Si a usted le gustó esta receta, también le gustarán:

pudín de arroz con especias

churros con salsa de chocolate picante

brownies de chocolate con chile

frituras de plátano
con corteza de chile y coco

Asegúrese de servir estas frituras calientes, directamente de la sartén.

Rinde 6 porciones

15 minutos

1 hora

15-20 minutos

2

- 1 ⅓ taza (200 g) de harina de trigo (simple)
- ⅓ taza (40 g) de coco (deshidratado) rallado
- 1 ½ cucharadita de hojuelas de chile rojo o de chile rojo seco desmenuzado
- 1 ¼ taza (300 ml) de agua tibia
- ½ taza (125 ml) de leche de coco (sin el suero)
- 4 tazas (1 litro) de aceite vegetal, para fritura profunda
- 2 claras de huevo grandes
- 6 plátanos pequeños, sin cáscara
- Helado de vainilla, para acompañar
- Miel de abeja, para acompañar

1. **Mezcle** la harina, coco y hojuelas de chile rojo en un tazón grande. Agregue el agua y leche de coco gradualmente, batiendo con ayuda de un batidor globo para que no se formen grumos. Deje reposar durante una hora.
2. **Vierta** el aceite en una freidora o una sartén para fritura profunda sobre fuego medio y caliente a 190°C (365°F/gas 5). Si usted no tiene un termómetro para fritura profunda, revise la temperatura del aceite colocando un trozo de pan en el aceite caliente. Si el pan burbujea inmediatamente hacia la superficie y se dora, el aceite estará listo.
3. **Bata** las claras de huevo en un tazón mediano con ayuda de una batidora eléctrica hasta que se formen picos firmes. Incorpore las claras a la masa, usando movimiento envolvente y use de inmediato.
4. **Sumerja** los plátanos en la masa y fría de dos en dos durante 3 ó 4 minutos, dándoles la vuelta ocasionalmente, hasta que se doren. Retire del aceite con ayuda de una cuchara ranurada y deje escurrir sobre toallas de papel.
5. **Sirva** calientes acompañados con helado de vainilla y rociados con miel de abeja.

Si a usted le gustó esta receta, también le gustará:

ruibarbo sazonado al horno con crema de vainilla

churros con salsa de chocolate picante

churros con salsa de chocolate picante

La salsa de chocolate también es deliciosa sin los chiles. Usted puede variar esta receta sustituyendo el chocolate amargo por la misma cantidad de chocolate blanco.

Rinde 8 porciones

30 minutos

20-25 minutos

3

SALSA DE CHOCOLATE

- 1 taza (250 ml) de leche
- 2 chiles pequeños secos, triturados
- ½ cucharadita de canela en polvo
- ¼ cucharadita de nuez moscada en polvo
- ¼ cucharadita de chile en polvo
- 250 gramos (8 oz) de chocolate semiamargo, toscamente picado

CHURROS

- 1 taza (250 ml) de agua
- ⅓ taza (90 g) de mantequilla
- 1 taza (150 g) de harina de trigo (simple)
- 3 huevos grandes, ligeramente batidos
- 4 tazas (1 litro) de aceite vegetal para fritura profunda
- ⅓ taza (70 g) de azúcar superfina (caster)
- 1 cucharadita de canela en polvo

1. **Para preparar la salsa de chocolate,** mezcle la leche, chiles, canela, nuez moscada y chile en polvo en una olla pequeña sobre fuego medio y lleve a ebullición. Retire del fuego y agregue el chocolate, revolviendo hasta obtener una mezcla tersa. Cuele la mezcla a través de un colador de malla fina, deseche los sólidos. Mantenga caliente hasta el momento de usar.
2. **Para preparar los churros,** mezcle el agua y la mantequilla en una olla pequeña sobre fuego alto y lleve a ebullición. Cuando suelte el hervor disminuya el fuego a medio. Agregue la harina y hierva a fuego lento, revolviendo continuamente con ayuda de una cuchara de madera durante 3 ó 4 minutos, hasta que la masa empiece a despegarse de los lados de la olla.
3. **Pase** la masa a una batidora eléctrica adaptada con el batidor. Agregue gradualmente los huevos hasta que la mezcla esté brillante pero suficientemente espesa para mantener su forma cuando se presione sobre el aceite; puede ser que no necesite todo el huevo. Usando una cuchara coloque la mezcla en una manga para repostería adaptada con una punta de estrella grande.
4. **Vierta** el aceite en una freidora o en una olla para fritura profunda sobre fuego medio y caliente a 190°C (365°F/gas 5). Si usted no tiene un termómetro para fritura profunda, revise la temperatura del aceite dejando caer en él un trozo pequeño de pan. Si el pan burbujea inmediatamente hacia la superficie y se dora, el aceite estará listo.
5. **Mezcle** el azúcar y la canela en un tazón pequeño y pase a un plato grande para que esté listo para cubrir los churros calientes.
6. **Fría** los churros en tandas, dejando caer la masa dentro del aceite en tiras de 10 cm (4 in) de largo. Fría cada tanda durante 3 ó 4 minutos, hasta que estén bien dorados. Retire del aceite con ayuda de una cuchara ranurada y coloque sobre la canela con azúcar. Dé la vuelta a los churros para que se cubran.
7. **Sirva** los churros calientes acompañando con la salsa de chocolate picante.

pudín de naranja con especias al vapor

Estos pequeños pudines son un placer poco común. Usted puede variarlos, sustituyendo la ralladura de naranja por ralladura de limón verde o amarillo.

Rinde 4 porciones

20 minutos

40 minutos

2

1/3 taza (90 g) de mantequilla, suavizada
1/2 taza (100 g) de azúcar superfina (caster)
2 cucharadas de ralladura fina de naranja orgánica
2 huevos grandes, ligeramente batidos
1 taza (150 g) de harina de trigo (simple)
1 cucharadita de polvo para hornear
1 cucharadita de canela en polvo
1/2 cucharadita de nuez moscada en polvo
1/4 cucharadita de cardamomo en polvo
1/4 cucharadita de jengibre en polvo
2/3 taza (60 g) de pistaches molidos
1 cucharada de agua de azahar
1/2 taza (125 ml) de crème fraîche o yogurt natural
4 ramas de menta fresca, para decorar
Azúcar glass, para espolvorear

1. **Engrase con mantequilla** 4 ramekins o refractarios individuales con capacidad de 3/4 taza (180 ml). Forre las bases con papel encerado.
2. **Bata** la mantequilla, azúcar y ralladura de naranja en un tazón mediano con ayuda de una batidora eléctrica a velocidad media-alta hasta que esté pálida y cremosa. Agregue los huevos uno por uno, batiendo después de cada adición hasta integrar. Cierna el azúcar, polvo para hornear, canela, nuez moscada, cardamomo y jengibre sobre la mezcla de mantequilla. Con la batidora a velocidad baja integre los pistaches y el agua de azahar.
3. **Usando una cuchara** coloque la masa dentro de los ramekins preparados y colóquelos dentro de una vaporera de bambú de 30 cm (12 in).
4. **Llene** un wok grande con 5 cm (2 in) de agua y lleve a ebullición. Cuando suelte el hervor disminuya el fuego a lento. Coloque la vaporera sobre el agua y cubra el wok con una tapa. Cocine al vapor durante 40 minutos, hasta que al introducir un palillo de madera para brocheta dentro de un ramekin, éste salga limpio.
5. **Decore** los pudines con una cucharada de crème fraîche y una rama de menta. Espolvoree con azúcar glass y sirva tibios.

Si a usted le gustó esta receta, también le gustarán:

frituras de plátano con corteza de chile y coco

308

churros con salsa de chocolate picante

310

brownies de chocolate con chile

Sirva estos brownies mientras están aún calientes al final de una cena.

Rinde 8 porciones
20 minutos
15 minutos
30-40 minutos

1

- 200 gramos (7 oz) de chocolate amargo, toscamente picado
- 2 chiles rojos pequeños sin semillas y muy finamente picados
- 1½ taza (300 g) compacta de azúcar mascabado
- 1 taza (250 g) de mantequilla sin sal, suavizada
- 1 cucharadita de extracto (esencia) de vainilla
- 3 huevos grandes + 1 yema grande
- ½ taza (75 g) de harina de trigo (simple)
- ⅓ taza (50 g) de cocoa en polvo sin azúcar
- 1½ cucharadita de polvo para hornear
- 1 cucharadita de canela en polvo
- ¼ cucharadita de sal
- Helado de vainilla para acompañar

1. **Engrase con mantequilla** un molde para pastel cuadrado de 23 cm (9 in) y forre la base con papel encerado para hornear. Precaliente el horno a 180°C (350°F/gas 4).
2. **Mezcle** el chocolate con los chiles en un hervidor doble (baño María) sobre agua hirviendo a fuego lento y revuelva hasta que el chocolate se derrita y esté terso. Retire del fuego y reserve para dejar enfriar ligeramente.
3. **Bata** la mantequilla, azúcar y vainilla en un tazón mediano con ayuda de una batidora eléctrica a velocidad media-alta, hasta que la mezcla esté pálida y cremosa. Agregue los huevos y la yema de huevo de uno por uno, batiendo hasta integrar después de cada adición.
4. **Con** la batidora a velocidad baja, vierta el chocolate derretido y bata hasta que se incorpore. Cierna la harina, cocoa en polvo, polvo para hornear, canela y sal sobre la mezcla y bata hasta integrar.
5. **Usando una cuchara** coloque la masa dentro del molde preparado y hornee de 30 a 40 minutos, hasta que el brownie esponje ligeramente y que al introducir un pincho para brocheta en el centro, éste salga con sólo algunas migajas pequeñas en él.
6. **Deje enfriar** durante 15 minutos. Corte en rebanadas y sírvalos tibios acompañando con una cucharada de helado de vainilla.

Si a usted le gustó esta receta, también le gustará:

crème brûlée de chocolate y especias

306

churros con salsa de chocolate picante

310

Índice

Q